教育流邦楽狂師の生活3

――和楽器を義務教育に！　全国的運動展開へ

茅原芳男

22世紀アート

はじめに

音楽教師の一人として、昭和43年度東京都教員研究生（都立教育研究所で内地留学）を命じられ、昭和44年4月、勤務先の新宿区立落合第二小学校に復帰した。研究テーマは「日本の音楽指導上の基礎的事項」であった。早速、私物の箏一面を学校へ持ち込み、授業を開始した。以来、同校に12年間在職（詳細は「教育流邦楽狂師の生活1」）。最終勤務校の杉並区立杉並第三小学校で5年、通常授業に並行して課外活動の箏・三味線を主体とした〝子ども邦楽合奏団〟活動に取り組んだ。昭和61年3月退職。「東京子ども邦楽合奏団」主宰として7年間活動した（詳細は「教育流邦楽狂師の生活2」）。

この間、停滞した邦楽の再興・普及には、学習指導要領改訂による学校への和楽器導入が必至！　と常時考え続けてきた。

昭和62年夏、意を決し、単独で行動を開始した。

平成10年、中学校の和楽器必修が告示され、明治以降続いた西洋音楽偏重の音楽教育は、歴史的大変革を遂げた。

しかし……？

以下は、運動開始以来19年間（昭和62年度～平成17年度）のあれこれをまとめたものである。
ご高覧いただけたら幸である。

令和4年春

自称　教育流邦楽狂師　茅　原　芳　男
元　邦楽教育を推進する会代表幹事
ＮＰＯ法人邦楽教育振興会理事長

目次

Ⅰ「邦楽教育を推進する会（邦推会）」設立

1　学習指導要領改訂への胎動

（1）それは、朝日新聞「声」欄への投稿から始まった（昭和62年7月23日）

洋楽一辺倒は音の差別では

教育改革に音楽教育面から一言。日本人の教育に不可欠な伝統文化、邦楽を表現活動で無視同然の音楽科。西洋の音を絶対視し、日本の音は意識外。明確な差別、偏向教育である。軍国主義教育と同列の西洋の音一辺倒教育は、他の音を排し、政治家、有識者そして教育改革担当者をも、西洋の音の信奉者にしてしまっている。「君が代」を口にしても、日本の音は登場しない。なぜだ！

自国の音を有しない国際人論、単一音の強要を前提とした個別化教育論、すべて一笑に付す価値しかない。教育改革の柱は主要教科のみか。不要教科は問題外か。授業時数削減も当然か。まして日本の音などは論外か。国会論戦に日本の音を登場させたら、民謡、演歌を含む数千万の邦楽人が注視するだろうに。

教育改革担当者よ、教育の中正を標榜《ひょうぼう》するなら、音の差別、偏向を是正し、新しい日本の音、特に和楽器による音楽創造活動が展開できるよう配慮していただきたい。

（2）「季刊邦楽（邦楽社）」への寄稿（昭和62年9月）

朝日新聞への投稿に起因したかどうかは不明だが、邦楽の関連用品や出版物を扱っている邦楽社より原稿依頼があり、左記の小論が昭和62年秋号（9月発行）に掲載された。

・檄！　あと三カ月で邦楽の命運が…

邦楽が普及・発展する鍵は名実共に音楽教育にかかっている。直接的には〃和楽器が学校で活躍するか否か〃である。

○学習指導要領への明記が絶対条件

文部省が作成する学習指導要領は教育の指針であり、これに準拠して教科書が編集される。学習指導要領に〃和楽器の活用…〃の一項目が明記されるか否かで、教育界の動きはどのようにでも変化する。明文化されなければ現行通りの西洋の音一辺倒に、明記されたならば、少なくとも過半数の学校でなんらかの動きがみられるであろう。

注　なぜ、和楽器か？

さまざまな邦楽の共通項は和楽器。これを邦楽への入口として位置付けることが肝要かと思う。個々の楽器名や種目はその後の課題であろう。

・あと三カ月！　一刻の猶予も許されぬ

学習指導要領改訂の作業はすでに進行中である。同時に臨時教育審議会の意を受けた教育課程審議会が学習指導要領の方向・内容について検討中で、この十二月に答申が出る。この答申に和楽器…があるか否かで音楽教育の内容に変化が起きる。極論かもしれないが、もしも、和楽器と明文化されるならば、明治以降の音楽教育に一大変革が起こり、革命的現象が起きるかもしれない。

本号は九月発行、もう時間がない。あと三カ月で邦楽の命運は決まる。この時期を失したら、あと十年は日陰の身となる。答申案はすでに作成されているかもしれない。しかし、まだ公表されてはいない。三カ月はおろか、あと一、二カ月ですべてが決するのでは…？

・請願書・陳情書を皆さんお送りください！　個人・団体を問わず、十月中に一通でも二通でも、一回でも二回でも大至急、〝和楽器の活用を訴える〟書面を左記へご提出ください。

・教育課程審議会
・文部省「音楽」担当官

（3）邦楽系人間国宝の連署による陳情

昭和六十一年に創設・主宰した〝東京子ども邦楽合奏団〟には、三味線講師として東京芸大邦楽科長唄の田島佳子師、箏講師には、東京芸大邦楽科箏曲専攻卒のＩ氏が指導しておられた。日常会話の中で、文部省に対する邦楽系人間国宝連署による要望書の提出案を打診してみた。即、賛成！の回答があり、Ｉさんは早速、師匠であった宮城喜代子師にこの件を伝えるとのことであった。宮城喜代子師は、同格の上原真佐喜師・米川文子師共々行動すると快諾された由で幸先よしを実感。その上、要望書の原稿作成を筆者に依頼されたということから、次のような要旨や諸項目の原稿を作成した。

「音楽教育における邦楽領域の振興に関する要望書」

我が国の音楽教育は、明治の近代学校制度の導入以降、一貫して西洋音楽重視―邦楽軽視―の方向で進んで参りました。現在の動向もその基本的姿勢に変化はなく、依然として〝西洋の音〟一辺倒の教育が行われています。数次にわたる学習指導要領の改訂を通じ、若干の邦楽曲が鑑賞領域に明示されたのですが、西洋音楽系の楽曲数に比較するとその劣勢は極めて顕著です。合唱・合奏などの表現領域においては、その総てがピアノを象徴とする〝西洋の音〟によって支配されているといえます。

二十一世紀に向けた教育課題に〝国際性の育成〟があります。まず、自国・自らを知ることにより、初めて他との「差」を認識することができ、その上で地球人として共通の精神を感じ、理解を深めることができると考えます。音楽教育において邦楽分野の充実を図り、自国の文化をより深く理解させることが、どれほど重要なことかはいうまでもないことです。

ただ今、教育改革が推進されており、去る八月七日には臨時教育審議会の最終答申が公表されました。一方、教育課程審議会・学習指導要領作成委員会も進行中です。

臨教審は、教育基本法第一条を目指すため、「正しい国家意識の涵養・社会的責任の自覚、普遍的で個性豊かな文化や伝統の継承・創造・発展のための努力が不可欠である。」との見解を示しております。これは、第二条に則った中立かつ基本的な教育により、子どもの自主的自発的精神・健全な心身を養うことの必要性、平和的な国家及び社会の形成者を育成する上で、文化・伝統の尊重の重要性を明らかに示すものです。

同審議会の提言いたしました三重点項目、「個性重視の原則」「生涯学習体系への移行」「変化への対応（国際化への対応)」には、中曽根前総理も発言された「伝統・文化の尊重」が、今後具体的に表されるものと期待しております。

文教行政は、中立・基本的見解に立ち返り、音楽教育における西洋崇拝的偏向風潮を抜本的に改めていただきたいと願う次第であります。

以上の理由により、左記の各項につき、各段のご配慮を賜りますよう要望いたします。

一、学習指導要領改訂にあたり、邦楽分野の充実をはかる
　「和楽器による表現活動」の重視

一、和楽器を各学校に配備する予算の確保

一、現職音楽担当教員の邦楽研修

一、教員免許法(音楽科)の改正
　邦楽の理論・実技に関する単位の必修化

昭和六十二年十一月　日

日本芸術院会員　宮城喜代子(自署捺印)

日本芸術院会員　上原真佐喜(自署捺印)

日本芸術院会員　米川文子　（自署捺印）

文部省初等中等教育局西崎清久局長殿

宛先が文部大臣ではなく文部省初等中等教育局長になった理由は知る由もない。対応が事務的で結果は不発、と、同道した前出のＩさんは嘆くばかりであった。

この結果を受け即、より強力な実効ある行動を！　と考え、全国的活動を展開しよう!!　の想いが強まり、「邦楽教育を推進する会」設立へと舵をきった。

『後日譚』

三師の所属団体である日本三曲協会の機関誌には、昭和六十二年度「学校音楽教育に関する活動について」の記事があり、その中でこの件が明記されていた。ここに至る経過をご存知ない方々ばかりの同会に対しては、知らぬが仏と苦笑するのみであった。

「邦楽教育を推進する会」設立に向けた〝発起人応諾のお伺い〟の文面は多くの方々に発送した。後掲のように圧巻ともいえる状況になった。だが、日本三曲協会のみが「否、今後の活動の中身によって…」という回答を寄せてきた。後日、同協会の役員（箏曲家）から〝面談希望〟の連絡を受けた。２回にわたって話し合った、「遺憾に思う。申し訳ない」という趣旨を重ね重ね述べられていた。『それならば、なぜ最初の時点で…』はあとの祭り。だが、一服の清涼剤となり溜飲をさげることができた。元小学校教師で氏・素性も未知数の筆者が一人芝居をしたような状況では当然か、とも感じられた。

〃発起人〃に続く【後日譚】「公開質問状」も是非、ご高覧を…。

2　邦楽教育を推進する会（邦推会）の初期

（1）「邦楽教育推進懇談会」発足

活動開始には、事前の準備会が必要と考え、前述の朝日新聞、「季刊邦楽」のコピーと共に、同会開催に関する左記の文面を有志の方々へ差し上げた。

「邦楽教育推進懇談会」のご案内

前略　突然、このようなお便りを差し上げますこと、何卒お許しください。

別紙、「季刊邦楽」のコピーにありますように、およそ十年を周期とする教育改革・学習指導要領の改訂が進行しており、来月には、教育課程審議会の最終答申が提出・公示されます。

私は、一介の元小学校教員ではありますが、〝邦楽を学校教育に…〟と念じ、それなりに運動して参りました。今は最も重要な時期と考えています。ご厚誼をいただいております方々を通じまして、多くの方々に、ご支援のお願いをいたしております。

人間国宝の方々、各邦楽団体の方々よりご厚意に満ちたお便りもいただいております。できることなら、一人でも多くの声を結集して行政当局にモノ申したいと願っております。今後の展望は未知数でありますが、この機会に邦楽各界の方々のご賛同を得まして「邦楽教育を推進する会」を結成できたら、と考えており、先だって有志の方々と懇談会を開催いたしたく存じます。

よろしくご支援いただけますよう、お願い申しあげます。

これ以降、次のような状況へと進展した。

○第１回　邦楽教育推進懇談会　（昭和62年11月22日）

・出席者　長唄２、楽界２、出版２、尺八２、琵琶１、業界１、筆者の11名

・主な内容

1　学習指導要領の現状・改訂と『邦楽教育を推進する会』設立の件
2　教材基準（教具や備品など）の現状
3　今後の活動予定
（1）「邦楽教育を推進する会」に関する件
・会の名称、目的、事業、役員選出など
・邦楽教育推進に関する書面作成
（2）運動の目的・方法など
・目的…「和楽器重視の学習指導要領改訂」
・活動…全国的署名運動（目標百万人？）の展開。

○第2回　邦楽教育推進懇談会　（昭和62年12月2日）
・出席者　長唄1、楽界2、出版2と筆者の6名。
・主な内容
1『邦楽教育を推進する会』の設立について
ア　名称…『邦楽教育を推進する会』設立の集い

イ 日時…昭和63年1月17日（日） 午後1時
ウ 会場…早急に各会場へ問い合わせる。
エ 一般へのＰＲ方法…新聞社
オ 総会の進行次第
開会、趣旨と活動の説明、発起人紹介、質疑、設立承認、組織・会員募集の手続きと方法、署名運動の手続きと方法、陳情団、来賓祝辞、記念講演など。
カ 当面の活動
・会員募集
・全国的署名運動…具体化され、一気に加速される状況が生まれた。

○第３回　邦楽教育推進懇談会　（昭和62年12月９日）
・出席者…楽界１、出版１、箏曲１、筆者４名。
・主な内容　文部省宛「趣意書」作成と内容の検討

○第４回　邦楽教育推進懇談会　（昭和62年12月18日）

・出席者…箏曲2、長唄1、笛・尺八3、新内1、楽界1、業界1、教育2と筆者の12名。
・主な内容　文部省宛「趣意書」作成と内容の検討

○第5回　邦楽教育推進懇談会　（昭和62年12月28日）
・出席者　笛・尺八2、長唄1、琵琶1、箏曲1、出版1、楽界1、業界1、教育1、筆者の10名。
・主な内容
◎　教育課程審議会「審議のまとめ」（昭和62年11月末）四項目の検討。
ア　豊かな心をもち、たくましく生きる人間の育成を図る。
イ　自ら学ぶ意欲と社会の変化に主体的に対応できる能力の育成を重視する。
ウ　国民として必要とされる基礎的・基本的な内容を重視し、個性を生かす教育の充実を図る。
エ　国際理解を深め、我が国の文化と伝統を尊重する態度の育成を重視する。
音楽科では、歌唱曲で日本の歌を重視する方向が見られたが和楽器の記述は無かった。

○第6回（最終）邦楽教育推進懇談会　（昭和63年1月14日）
・出席者　笛・尺八2、出版1、楽界1、教育1と筆者の6名。

・主な内容

◎ **邦楽教育を推進する会**の概要

ア 名 称…『邦楽教育を推進する会』…邦楽とは、主に和楽器を使用する音楽。

イ 目 的…学校・一般社会における邦楽教育の振興、邦楽全般の普及。

ウ 事 業…学校現場における邦楽教育への支援。指導、助言、研修、体験活動、鑑賞活動、教材開発、楽器の貸与、教育論文の募集と顕彰、広報誌発行など。

エ 役員・会員

◎ **邦楽教育を推進する会**（邦推会）設立について

○日 時 昭和63年1月17日（日）午後1時

○会 場 駒場エミナース

○議 題

・文部大臣宛「音楽教育の邦楽分野充実のための趣意書」検討

☆表現領域…和楽器の活用を図ること

☆鑑賞領域…多種目の邦楽曲を共通教材に指定すること

・**百万人署名運動**の文書検討 全国的展開に向けて

・発起人募集の経過報告（会設立・署名運動に賛同の方々）

当時の「音楽年鑑」には、邦楽系の作曲家、演奏家、研究者など多数の方がの芳名・住所・電話番号が搭載されていた。専門の分野・種目・地域などを勘案して百名以上の方々に文書を発送した。次の方々をご覧いただきたい。

（2）発起人（敬称略）

○雅　楽

小野亮哉　（小野雅楽会会長）

芝　祐靖　（東京芸大講師）

押田良久　（日本雅楽会会長）

○能・狂言

後藤得三　（人間国宝）

佐野　萠　（東京芸大教授）

藤波重満　（東京芸大助教授）
野村万作　（東京芸大講師）
幸　正影　（東京芸大教官・幸流十七世宗家）
後藤次夫　（社・観世会）

○長　唄

芳村五郎治　（人間国宝）
杵屋佐登代　（人間国宝）
日吉小三八　（人間国宝）
今藤綾子　（人間国宝）
菊岡裕晃　（東京芸大教授）
味見　亨　（東京芸大教授）
赤木直明　（東京芸大助教授）
田島佳子　（東京芸大講師）
市川春子　（東京芸大講師）

望月左吉　（東京芸大講師）
今藤文子　（東京芸大講師）
望月太喜雄（東京芸大講師）
杉浦弘和　（東京音大講師）
　（社）長唄協会

○三　曲（箏・三弦（三味線）・尺八の演奏家団体）
大阪三曲協会
浜松三曲協会
鹿児島県箏曲会
山田流箏曲協会
狭山市三曲連盟
（社）新箏曲人の会
箏合奏団「絹の会」
上木康江　（東京芸大教授）

増渕任一郎（東京芸大助教授）
砂崎知子（東京芸大講師）
山本邦山（東京芸大講師）
北原篁山（東京芸大講師邦楽四人の会）
藤井久仁江（東京芸大講師）
中井　猛（東京芸大講師）
横山勝也（東京音大講師）
沢井忠夫（高崎短大教授）
中田博之（社・日本三曲協会副会長）
佐薙岡豊（北海道三曲連盟理事長・札幌新音楽集団「群」代表）
佐久間鬮山（香川県協会会長）
酒井鈴宇（長野県三曲協会会長）
池谷浮山（静岡県三曲連盟副会長）
中村井豊花（静岡県三曲連盟副会長）
塩川駿童（静岡県三曲連盟副会長）

蕎建柳子　（福島県三曲会会長・糸柳会会長）
柴田聖山　（佐賀県邦楽協会会長・邦楽聖楽会会長）
野村正峰　（名古屋三曲連盟常任理事箏曲正絃社）
竹内香雲　（弘前三曲連盟会長）
斎藤鶴秀　（茅ケ崎邦楽三曲協会会長）
戸山勝恵　（三鷹市邦楽連盟会長）
加藤習宇山　（鹿児島県尺八連盟会長）
角野星山　（東松山市邦楽三曲協会会長）
内田賀山　（社・日本尺八連盟埼玉支部長）
柴田媛山　（社・日本尺八連盟埼玉支部副部長・武蔵野邦楽舞会副支部長）
中尾都山　（都山流尺八楽会総裁・都山流宗家）
宮下　伸　（宮下伸箏曲研究所）
筑紫美代子　（琴曲筑紫会宗家）
後藤すみ子　（邦楽四人の会）
西潟美渓　（美音会）

小野正童（日本竹道学館副館長）
荻田　章（日本竹道学館事務局）
井藤麗山（麗山会会長）
山川直春（現代邦楽会主宰）
宮城慎三
柳内調風
林すみ子
深海さとみ
原田東龍
富山清隆
奈倉公子
黒田煌山
高野喜長
山木千賀
クリストファー遥盟

伊藤　霞
高田和子
笠原古都
真鍋静勢
唯是震一
石井博紫穂
熊野正宏
宮田耕八朗
野坂操寿
野坂恵子
谷　珠美
富成清女

〇三味線
平井澄子（作曲・演奏家）

○舞　踊
花柳千代「日本の舞踊の基本を学ぶ会」代表

○吟　詠
伊藤岳智（岳智会会長）

○民　謡
加藤辰司（日本郷土民謡協会会長）
春日由三（日本民謡協会理事長）
小藤宗一（日本民謡協会渉外部長）

○琵　琶
普門義則（琵琶楽研究・指導）
鶴田錦史

○文　楽
佐伯　勇　（財・文楽協会理事長）

○義太夫
（社）義太夫協会
竹本土佐廣（人間国宝）

○常磐津
常磐津協会（検討中）
常磐津文字太夫（常磐津協会会長・常磐津流十六代家元）
常磐津東蔵
常磐津清勢太夫（東京芸大講師）

○清　元

清元志壽太夫（人間国宝・日本芸術院会員清元協会会長）

○新　内

岡本文彌（重要無形文化財新内節記録保持者）

新内志賀大掾

新内仲三郎

○新内小唄

ふじ松加奈子（ふじ松派家元）

○学　界

岸辺成雄（社・東洋音楽学会会長）

吉川英史（財・宮城道雄記念館館長）

田邉秀雄（文化財保護審議会委員社・義太夫協会会長）

平野健次（独協大学教授）

星　　旭　　（宇都宮大学教授）
蒲生郷昭　（東京国立文化財研究所音楽舞踊研究室長）
小島美子　（国立歴史民俗博物館教授）
矢野輝雄　（放送番組向上協議会専務理事）
植田隆之助（東京芸大講師）
濱田彌生　（鹿児島大学講師）
降矢美彌子（福島大学助教授）
小池哲二　（高崎芸術短大副学長）
伊波久雄　（聖徳学園短大教授）
山岡知博　（社・日本舞踊協会事務局長）
竹内道敬　（財・古曲会）
小宮多美江（音楽評論家）

○楽　界
斎藤純雄　（群馬県邦楽協会理事長）

熊崎照洲　（岐阜邦楽協会事務局長）
中村哲夫　（財・日本国民音楽振興財団常務理事全日本太鼓連盟）
小口大八　（御諏訪太鼓宗家）
川田公子　（みやらび太鼓）
日本音楽集団
田村拓男　（日本音楽集団指揮者）
ジョージ川口　（ジャズドラマー）
永　六輔
大野恒一

○作　曲
三木　稔　（作曲家）
長澤勝俊　（作曲家）
池辺晋一郎　（作曲家）
牧野由多可　（作曲家）

杵屋正邦　（作曲家）
増本伎共子（作曲家）
近藤　昇　（作曲家・音楽プロデューサー）
○放送出版
山川静夫　（ＮＨＫ）
（株）邦楽社
平野英俊　（株・邦楽と舞踊社）
邦楽ジャーナル
（株）邦楽の友社
大日本家庭音楽会
（株）博信堂

○教　育
大原啓司　（兵庫県播磨町立蓮池小学校教諭）
山田　隆　（愛知県犬山市立東小学校教諭）

山下義光　（三重県音楽基礎指導研究会事務局長）
尾関義江　（大阪府堺市立湊小学校教諭）
石森康雄　（調布市立第三小学校教諭邦友会琴音楽教室主宰）
永谷衣美　（香川県高松市立一宮小学校教諭）
富田典子　（茨城県公立小学校教諭）
茅原芳男　（東京子ども邦楽合奏団主宰）

○業　界

石村定夫　（全国邦楽器商工業組合連合会理事長）
坂本倖一　（㈳会会長）
大瀧進一郎　（「日本伝統音楽を守る会」代表）
御前昌一　（和歌山県邦楽芸能協会会長和歌山県民謡連合会理事長）
藤井彰純
長尾恒夫
菊岡惣平

最終的には、163の個人・団体の方々にご賛同いただくことができた。

これだけの方々が一堂に会された事実は正に圧巻、史上初の画期的状況？　と得心。『今こそ立ち上がる時到来』を実感し、ただ猪突猛進したのであった。

【後日譚1】

会設立を目前に、最も有力と思われた日本三曲協会だけが拒否であった。

「1月17日、〝邦楽教育を推進する会〟が設立されるが、ぜひ、力を貸してほしい。期待しているので…。」との趣旨で、文書を送ったのだが、1月16日、左記の回答が自宅と稽古場に寄せられた。

『…検討の結果、団体として賛同の意を表し、発起人として運動に参加することはしない…今後、貴会のあり方、活動の中味によっては…再検討…どうぞ御了承のほどを…』と。

到底、納得できず、改めて左記の文書を送り、同時に邦楽ジャーナル誌に、左記の公開質問状を掲載していただいた。

◎公開質問状 （社）日本三曲協会会長　宮城喜代子様
「邦楽教育を推進する会」への不参加に関する質問

昨秋、「邦楽普及のカギは学校における音楽教育にあり」の信念に基づき、当面、改訂される学習指導要領に、「和楽器の活用を図ること」を明文化してほしい旨を主軸とした要請書を、文部省・教育課程審議会宛に発送していただきたい、更に、同要請書を趣旨とした「邦楽教育を推進する会」の設立に賛同いただけないか、と、多くの邦楽諸団体にお願いいたしました。

結果は、ご覧の通り、種目・流派などを超越し、予想をはるかに超えて広い分野より多数の個人・団体の方々よりご支持をいただき、目的達成を目指して「会の設立」「百万人目標の署名運動」へと進展しております。

しかし、貴協会は不参加の意を表明されました。

邦楽の普及・発展のためには、今、邦楽界が一丸となって教育界に働きかけている姿勢を内外に示すことが何よりも大切であると考えます。その意味においても、邦楽界において主要な位置を占める貴協会のご参加を期待したいのであります。

貴協会の会報には、日本芸術院会員米川文子氏、上原真佐喜氏、宮城喜代子氏が、右要請書の趣旨と同内容の要望書を文部省に提出された、とあります。(このことは、宮城氏が要望書を作成される段階において私も存じておりましたので、貴協会の活動としてではなく、あくまでも三氏の私的活動であると理解しておりました)

貴協会も三氏によるこの要望書の内容を支持されたものと解されますが、「邦楽教育を推進する会」と活動の目的は同一であろうかと思われます。

従いまして、ここに、改めて当会へのご参加を要請いたしますが、以前同様、「不参加」の意を表明されるご意向でありますならば、その具体的理由をご教示いただきたく、月刊誌「邦楽ジャーナル」に本文を掲載し、公開質問の形式でお尋ねいたします。

よろしく善処方をお願い申しあげます。できましたら、五月末までに、左記宛にお願いいたします。

昭和六十三年四月十五日

邦楽教育を推進する会代表　茅原芳男(自宅住所)

【後日譚2】

同年秋、当時の邦楽専門誌「季刊邦楽」は、時事問題に関する覆面座談会の記事を掲載した。

公開質問状もその対象となり、筆者も掲載誌の編集長もヤリ玉に挙げられた。しかし、事情に疎い方々の放言には苦笑するのみであった。覆面氏の氏名は不明であり、そのまま放置した。
主な内容の原文（▼）は次の通りであった。

（署名運動の関連）
▼署名運動は、邦楽団体と個人への呼びかけだけで、街頭での署名運動はしていないのだろうか。
▼この会を支援する人たちに署名用紙を渡すという形で行って、街頭ではやっていないようだよ。
▼街頭でやれば、話題になっておもしろいのにね。（以下略）

（公開質問状の関連）
▼宮城さんも別の方法で陳情をしていると聞いている。
▼米川文子・上原真佐喜・宮城喜代子と三人の芸術院会員の方々が連名で、相当分厚い意見書を文部大臣に提出されたらしい。そのような動きもある。茅原さんの公開質問状を読むと、三先生方のなさった要望書は、ご自分たちの趣旨と同内容であるから「推進する会」への参加を要請するという文面だが、三曲協会側からの言い分だと、協会の中のトップ三人がやってくれた運動のほうに後援しているわけだから、むしろ茅原さんが三曲協会の運動に入りこそすれ、逆はちょっと……、ということらしい。（以下略）

▼公開質問状の前後に三曲協会会長に茅原さんが会見を申し込んだということはあるんですか。
▼本来は三曲協会会長に会って話をすべきだったね。
（総括の関連）
▼茅原さんの努力は多とするけども、運動の手続きや方法に思慮の足りないことがあったようだね。」
以上　季刊邦楽No.56　（昭和63年9月）

恐らく覆面氏は、邦楽界の重鎮級の方々であろう。会設立時の方で当時の会議でも活発に発言された某氏。覆面氏の一人かどうかは知る由もないが、ある演奏会場の狭い通路ですれ違った折、故意に目を反らしたことで、「もしやメンバー？」と思わざるをえなかった。

(3)「邦楽教育を推進する会」設立の集い

○日　時　昭和63年1月17日（日）午後1時
○会　場　東京都目黒区駒場　こまばエミナース
○参加者　約300人

○次　第

・挨拶、経過報告、「要望書」の趣旨説明…茅原芳男。
・来賓挨拶　前文部省教科調査官、東京都小学校音楽教育研究会会長。
・各界の声　現職教員、邦楽演奏家、邦楽愛好家など。
・要望書（次項の趣意書）…満場一致で採択。
・百万人の署名運動…要望書（次項の趣意書）による全国的展開を満場一致で確認。
・記念演奏…東京子ども邦楽合奏団。

音楽教育の邦楽分野充実のための

趣　意　書

我が国の音楽教育は、教室より和楽器の響き、邦楽の歌声そしてピアノ・コーラスなどの音が流れてこそ、本来の姿といえるのではないでしょうか。

挨拶など　茅原芳男

明治以降の学校では、なぜか和楽器・邦楽が遠ざけられてきました。数次にわたる学習指導要領改訂で若干の邦楽曲は共通教材になりましたが、指導の成果は必ずしも十分ではないと思われます。特に表現領域では、ピアノを象徴とする『西洋の音』のみが授業で扱われ、一部の学校を除いて『日本の音楽』は殆ど登場いたしません。

日本の音、自国の音楽を取り上げることは、誰しも異存の無いところでありましょう。

東京子ども邦楽合奏団

国際音楽教育会議もその方向を重視していることは周知の事実であります。自国の音楽の尊重は、授業の大半を占める表現活動で生の音で具体化したいものです。

それには、『和楽器の活用』が最も効果的であると考えます。現行の表現活動の中心がピアノであると同様に、邦楽でも和楽器を必要とするのです。楽器の種別・活用法は賢明な教師の創意工夫に期待すればよいでしょう。

・和楽器は、音楽科の目標である〝日本人の情操を高める〟ために必要です。

・和楽器は生涯楽器です。幼児から高齢者までが現実に演奏しています。

・和楽器は生活化されています。日常生活・地域行事業の中で活躍しています。
・和楽器は、個性重視の教育上不可欠です。日本人は邦楽的感覚を具備しているはずです。西洋音楽的感覚と共にそれを伸長することが『音楽教育の課題』であると思います。
・和楽器は、現代音楽の一翼を担っています。日本人作曲家も、世界の作曲界も和楽器や東洋の楽器に注視し、作品化しています。
・和楽器は国際交流に必要です。自らの音や楽器を持つことがより効果的であると思います。
・和楽器は、創造的表現活動に不可欠です。新しい音素材は潜在する邦楽的感覚によって、新鮮な日本的情感を表出するでありましょう。

教育課程審議会が「教育課程の基準のねらい」として示した四項目の中には
・国民として必要される基礎的・基本的内容の重視、個性を生かす教育の充実。
・国際理解を深め、我が国の伝統と文化を尊重する態度の育成を重視。

とあります。音楽科の場合、この提言は〃邦楽の尊重・重視〃を示唆したものと考えられます。特定の音や音楽のみをその対象として考えることは極めて不自然です。

貴会議の勇断により、全国の学校より〃日本の音〃が〃西洋の音〃と同等に流れるよう学習指導要領に次の二項目を明示していただきたく、強く要望する次第であります。

○表現領域においては、『和楽器の活用を図ること』
○鑑賞領域においては、『多種目の邦楽楽曲を共通教材に指定すること』

昭和六十三年一月十七日

邦楽教育を推進する会

文部大臣中島源太郎殿
小学校・中学校・高等学校音楽科
学習指導要領作成協力者会議殿

（4）文部大臣・文部省への陳情

○1月19日、文部省で役員複数名が、これまでとほぼ同様の要望書を「音楽」担当官に手交。
○1月30日、中島源太郎文部大臣に前記の趣意書を手交し、面談。

【後日譚】

中島文部大臣との面談は、群馬県邦楽協会理事長齋藤純雄氏のご尽力で実現したが、同大臣ご出身地は群馬県であったことを伺い、納得できた。

（5）署名運動［署名総数23万172筆］

この全国的な運動は、邦推会設立時に採択された要望書の下欄に署名簿を添えて実施した。関係者一同の熱意は日を追って多くの賛同者を生み、約3か月で右記の数字になった。中には一人で一万名を集められ、名簿を十回以上も送って下さった方もあり、一日一日が感動の連続でもあった。

当初、目標を百万人にしたのは、もしも邦楽界の数団体が、この運動に全面的に参加されたならば…、という期待と願いを込めていたからでもあった。数千から万単位の会員を擁する団体が活動を進めてくださるならば…というあまりにも身勝手な、思い上がった考え方でもあった。しかし、その様な中にあって、団体として役員会で取り上げてくださり、演奏会で出演者ご自身が直接、参会者に働き掛けてくださったりで、組織を挙げて動いておられると感じられることもあり、ただ感動するのみであった。

この運動は、多くの方々のご努力で、様々な立場の方々にも知られるようになり、やがて、国会関係の方から、「協力できるので詳細を聞きたい」とのご連絡を受けるまでに発展し、次項の音楽議員連盟のご支援にも連なった。

（6）音楽議員連盟の強力なご支援（同議連は現在文化芸術振興議員連盟）

音楽議員連盟（音議連　会長桜内義雄氏・事務局長青木正久氏）は、衆・参両議院議員百名以上の方々によって構成されており、音楽・芸術分野などの発展のために活動を進めておられる院内団体である。

連盟の活動内容にも「邦楽に関する事項」があることから、その関連として「邦推会の要望の趣旨」を生かしてくださる、とのことであった。その後、正式に連盟の議題として取り上げられたと、事務当局より連絡を受けたが、具体的にどのような形で処理されたのかは、知る由もなく、ただ、深く感謝するのみであった。

当会会報2号には、事務局長青木正久衆議院議員よりの寄稿文が掲載されている。

【特別寄稿】会報2号　平成元年4月掲載

国務大臣　青木正久

このたびの新学習指導要領により、邦楽が重要視され、また和楽器の活用が明文化されたことは喜びに耐えません。

私たちは音楽の普及と音楽家の地位向上のため、十年前から音楽議員連盟をつくって活動してきましたが、その問題点の一つは〝邦楽〟の地位についてでありました。

どこの国の音楽教育をみても、まずその国、古来の音から始めるのが常識になっております。わが国の場合は敗戦から戦後が出発したため、邦楽軽視ともいえる風潮が充満していました。

ここで一つの関をこえることができました。

しかし、和楽振興はこれからです。音議連は今後も邦楽のため、努力することをお誓い申し上げます。


（音楽議員連盟事務局長）

【後日譚１】


『音楽議員連盟（音議連）』のご支援で実現した事例。

昭和63年5月、文部省小学校課課長と音楽科教科調査官2氏との公式会談実現も音議連の賜物。その場では、指導要領改訂に向けた懸案の事項を率直に申し上げたものの、結論的には成果なく平行線のままで終わった。

7月、改訂指導要領の骨子が発表された。その中には、次のように和楽器の文言が見られた。

・小学校　和楽器は、学校の実情に応じて選択すること。（和楽器初登場）

・中学校　和楽器を適宜用いること。（前回からの継続。この後、和楽器は必修）

注　傍点は筆者、**Ⅱ「和楽器関連の学習指導要領の推移」**も参照されたい。

音議連事務局からは、「今の段階ではこの程度です」と連絡をいただいた。『致し方ない。若干は進んだのだから？』が実感であったが、音議連の存在を体感でき、この運動を開始した意義も自分なりに納得することができた。次回の学習指導要領改訂で更なる燭光が…の期待も強まったように感じられた。

【後日譚2】

その後のある会合で偶然出会った音楽教育界トップの某教科調査官から次の面罵風挨拶？　を浴びた。「一番会いたくないヤツに会ったなー」と。その時は、「ナニ？」と見返したが、以前、文化庁へ直訴した折にも、どのような経緯があったのか、そのご当人から、「余計なことをしてくれた。迷惑している」といわれたことがあり、「そうか、2回目だった」と苦笑した。

3「邦楽教育を推進する会」の主な事業

【特別企画　邦楽教育推進のつどい】
〝日本の音を子どもたちに〟

●日　時　昭和63年3月25日（土）
●会　場　国学院大学記念講堂（渋谷区）
●内　容
　1　記念講演「日本文化と邦楽」　講師　ＮＨＫ山川静夫氏、
　2　和楽器大集合～王朝から現代まで～
　　・雅楽「越天楽」　　・尺八「鹿の遠音」、
　　・琵琶「川中島」　　・箏「六段の調」、
　　・三味線（三絃）地歌「ゆき（雪の手）」
　　・胡弓「千鳥の曲」、義太夫「野崎村」、
　　・長唄「巽八景（佃の合方）」

・囃子「早笛（三味線入り）」

［解　説］　山岡知博氏

［演奏協力］　日本雅楽会／日本音楽集団有志／東京芸術大学邦楽科

3　記念演奏　箏曲七声楽院ジュニア合奏団（指導　仲林光子）

兵庫県播磨町蓮池小学校児童（指導　大原啓司）

・演奏協力　東京少年少女合唱隊（指導　長谷川夏代）

【事　業】

（1）子ども邦楽まつり（1～12回）

子ども和楽器こんさーと（13～14回）

【関西子ども邦楽の集い】（1～11回）

「邦推会の存在、活動の主旨、活動の内容などを広く世間に知っていただこう」との趣旨、「年末恒例のベートーベン作曲の第九交響曲」に比肩できる〝子どもたちによる邦楽演奏会〟を、との気迫で企画し実施したもので反響は上々であった。〝論より証拠〟と、役員・会員を問わず多数の方々が、手伝いや応援に駆けつけてくださり、「子ども・和楽器による年末演奏会」がスタートした。

①昭和63年12月26日（月） 日刊工業ホール（千代田区） 31団体

・後援 日本の伝統音楽を守る会

②平成元年12月26日（火） 江戸川区総合文化センター 32団体

・後援 江戸川区教育委員会 日本の伝統音楽を守る会

③平成2年12月23日（日） 板橋区立文化会館大ホール 23団体

・共催 (財)東京都文化振興会 (財)板橋区立文化財団

・後援 日本の伝統音楽を守る会

④平成3年12月23日（月） 杉並区立セシオン杉並ホール 23団体

・共催 (財) 東京都文化振興会／後援 杉並区教育委員会／日本の伝統音楽を守る会

⑤平成４年12月23日（祝）　北とぴあ・さくらホール（北区）　30団体
・共催（財）東京都文化振興会／（財）北区文化振興財団
・後援　日本の伝統音楽を守る会

⑥平成５年12月27日（月）　かつしかシンフォニーヒルズ　モーツアルトホール　30団体
・共催（財）東京都文化振興会／㈶葛飾区文化振興財団
・後援　葛飾区教育委員会／日本の伝統音楽を守る会
・助成　芸術文化振興基金
・協賛　モービル石油㈱／㈲麻布企画

⑦　平成６年12月23日（祝）　なかのＺＥＲＯ大ホール（中野区）　36団体
・共催（財）東京都文化振興会／㈶中野区文化・スポーツ振興公社
・後援　中野区教育委員会／全日本音楽教育研究会／東京都中学校音楽教育研究会
東京都小学校音楽教育研究会／日本の伝統音楽を守る会

・助成　芸術文化振興基金
・協賛　モービル石油㈱／㈲麻布企画

⑧平成7年12月23日（祝）　板橋区文化会館大ホール（板橋区）　29団体
・共催（財）東京都歴史文化財団／（財）板橋区文化振興財団
・後援　板橋区教育委員会／全日本音楽教育研究会／東京都中学校音楽教育研究会
　東京都小学校音楽教育研究会／日本の伝統音楽を守る会
・助成　芸術文化振興基金
・協賛　モービル石油㈱／㈲麻布企画

⑨平成8年12月23日（祝）　杉並区立セシオン杉並ホール（杉並区）　31団体
・共催（財）東京都歴史文化財団
・後援　杉並区教育委員会／全日本音楽教育研究会／東京都小学校音楽教育研究会
　東京都中学校音楽教育研究会／日本の伝統音楽を守る会
・助成　芸術文化振興基金

・協賛　モービル石油㈱／㈲麻布企画／丸美屋食品工業㈱

⑩　平成9年12月25日(木)26日(金)　東京都児童会館ホール(渋谷区)　37団体
・共催　東京都児童会館／(財)東京都歴史文化財団
・後援　東京都教育委員会／全日本音楽教育研究会／東京都小学校音楽教育研究会
　　　　東京都中学校音楽教育研究会／日本の伝統音楽を守る会
・助成　芸術文化振興基金／(財)東洋信託文化振興財団
・協賛　モービル石油㈱／㈲麻布企画

⑪　平成10年12月23日(祝)　東京都児童会館ホール(渋谷区)　26団体
・共催　東京都児童会館／(財)東京都歴史文化財団
・後援　東京都教育委員会／全日本音楽教育研究会／東京都小学校音楽教育研究会
　　　　東京都中学校音楽教育研究会／日本の伝統音楽を守る会／邦楽ジャーナル
・助成　芸術文化振興基金／邦楽振興基金
・協賛　モービル石油㈱／㈲麻布企画

⑫　平成11年12月11（(土)）、12（日）東京都児童会館ホール（渋谷区）　27団体
・共催　東京都児童会館
・後援　東京都教育委員会／全日本音楽教育研究会／東京都小学校音楽教育研究会
　　　　東京都中学校音楽教育研究会／日本の伝統音楽を守る会／邦楽ジャーナル／音楽之友社／全音
　　　　楽譜出版社／㈱邦楽の友社
・助成　芸術文化振興基金／邦楽振興基金
・協賛　モービル石油㈱／㈲麻布企画

⑬　平成12年12月23日（祝）　東京都児童会館ホール（渋谷区）　21団体
・共催　東京都児童会館
・後援　東京都教育委員会／全日本音楽教育研究会／東京都小学校音楽教育研究会
　　　　東京都中学校音楽教育研究会／日本の伝統音楽を守る会／邦楽ジャーナル／音楽之友社／全音
　　　　楽譜出版社／㈱邦楽の友社
・助成　芸術文化振興基金／邦楽振興基金

・協賛　モービル石油㈱／㈲麻布企画

⑭　平成13年12月22日（土）　東京都児童会館ホール（渋谷区）　12団体

・共催　東京都児童会館
・後援　東京都教育委員会／全日本音楽教育研究会／東京都小学校音楽教育研究会
　　　　東京都中学校音楽教育研究会／音楽之友社／全音楽譜出版社／邦楽ジャーナル／㈱邦楽の友社
・助成　芸術文化振興基金
・協賛　㈲麻布企画

【参加団体所在地】
岩手、秋田、福島、山梨、東京、千葉、茨城、栃木、神奈川、埼玉、新潟、福井、兵庫、大阪

【楽器・種目】
箏、三味線、囃子、剣舞、雅楽、和太鼓、日舞

【委嘱作品】有志団体による合同演奏を各年の「子どもまつり」で好演した。
・平成2年　東京都文化振興会委嘱作品　吉崎克彦作曲「和楽器のための〝童夢〟」
・平成9年　邦楽教育を推進する会委嘱作品　増本伎共子作曲　越天楽今様の主題による変奏曲
・平成11年　NPO法人邦楽教育振興会委嘱作品　川崎絵都夫作曲「祭り幻想」
・平成12年　NPO法人邦楽教育振興会委嘱作品　眼龍義治作曲「われもこう」
・平成13年　NPO法人邦楽教育振興会委嘱作品　福嶋頼秀作曲　組曲「夏休みの想い出」

【関西子ども邦楽の集い】（平成3年1月～13年1月）　情報提供は元関西支部大原啓司氏

①平成3年1月27日　兵庫県民会館（神戸市）13団体　箏＝6、太鼓＝5、一絃琴＝1、長唄三味線＝1

②平成4年1月15日　西宮東高校ホール　14団体　箏＝9、太鼓＝4、長唄三味線＝1

③平成5年1月31日　姫路市民会館　16団体　箏＝10、太鼓＝3、長唄三味線＝1、獅子舞＝1　箏と尺八＝1

④平成6年1月23日　神戸文化小ホール　15団体　箏＝9、太鼓＝4、長唄三味線＝1　歌舞伎＝1

⑤平成7年1月16日　西宮東高校ホール　20団体　箏＝14、太鼓＝5、長唄三味線＝1
（阪神淡路大震災前日）

⑥平成8年2月4日　姫路市民会館　16団体　箏＝13、太鼓＝2、長唄三味線＝1

⑦平成9年1月19日　西宮東高校ホール　14団体　箏＝6、太鼓＝6、長唄三味線＝1、一絃琴＝1

⑧平成10年3月1日　高砂文化会館　19団体　箏＝10、太鼓＝7、長唄三味線＝1、一絃琴＝1

⑨平成11年2月8日　姫路市民会館　？

⑩平成12年2月12日　西宮東高校ホール　？

⑪平成13年1月27日　播磨中央公民館　13団体　箏＝4、太鼓＝8、一弦琴＝1

（２）学校向け和楽器指導資料の作成

大半の小中学校で取り上げられている「さくらさくら」の様々な活用方法と名曲「六段の調」初段で構成したもので、授業直結資料の第１号であった。

①手引書１　箏《こと》編　（平成３年４月）

この手引書の作成にあたっては次項に留意した。

現実には、箏一面が学校にあるかどうかという状況であることを踏まえ、一面の箏をどのように活用するか、ということに重点的を置いて構成した。

記譜法（楽譜の書き方）は、五線譜とそれぞれの楽器の記譜法の両方を示した。

１　爪・柱・構え方など

２　調弦について

３　「さくらさくら」の演奏１（箏一面〜旋律奏）

４　押し手の練習

5　「さくらさくら」の演奏2（箏一面とリコーダーの二重奏1）

6　「さくらさくら」の演奏3（箏一面を二人で連弾）

7　「さくらさくら」の演奏4（箏二面の二重奏）

8　「さくらさくら」の演奏5（箏一面とリコーダーの二重奏2）

9　「さくらさくら」の演奏6（合唱と箏）

10　「六段の調」より〃初段〃

11　右手の技法　すくい爪・掻き爪・割り爪・合わせ爪・トレモロ・裏連・引き連・輪連・擦り爪

12　左手の技法　後押し・押し・押し離し・引き色

13　箏曲の歴史

◎資　料（リズム遊び・五音音階による創作）

◎参考曲（小学校共通教材より）

「ひらいたひらいた」「かくれんぼ」「うさぎ」「子もり歌」「越天楽今様」の旋律。

②手引書2　三味線編他編　（平成4年6月）

・一つの曲を各楽器が同時に演奏する・できるという本会特有の曲集である。
・曲目は、小学校の必修曲（7の曲目）を中心に、教科書に掲載されている歌唱教材などで構成した。従って、普通授業で使われている鍵盤ハーモニカやリコーダーなどとの同時演奏も可能である。
・楽譜は、五線譜と民間で広く使われている楽器別専用楽譜（カタカナ・漢数字・記号などによる）を併記したので、五線譜が苦手の方々でも容易に楽しめると思われる。

1　三味線　種類／特性／各部の名称／付属品／調弦／勘所（つぼ）／構え方／奏法／楽譜／導入のための基礎練習
2　尺　八　種類（各部の名称）／構え方／音の出し方／基本の音階・記号／いろいろな奏法／楽譜（記譜法）／運指表／導入のための基礎練習
3　みさと笛　〝在来の篠笛〟改良への視点／改良点／種類／持ち方・構え方など／無技巧音と技巧音／楽譜／指法表／導入のための基礎練習
4　篠　笛　種類／構え方・音の出し方／基本の音階／楽譜／運指表／導入のための基礎練習
5　琵　琶　歴史・種類／構造・各部の名称／特徴／構え方／調弦・基本の音階・記譜法など／導入のための基礎練習

6　和太鼓　種類／大太鼓／締太鼓

7　「小学校共通曲」より（箏譜と各楽器の楽譜付）

◎第1学年　ひらいたひらいた　◎第2学年　かくれんぼ　◎第3学年　うさぎ

◎第4学年　さくらさくら　◎第5学年　子もり歌（陽）　◎第5学年　子もり歌（陰）

◎第6学年　越天楽今様

③和楽器の奏法と活用（平成14年4月）

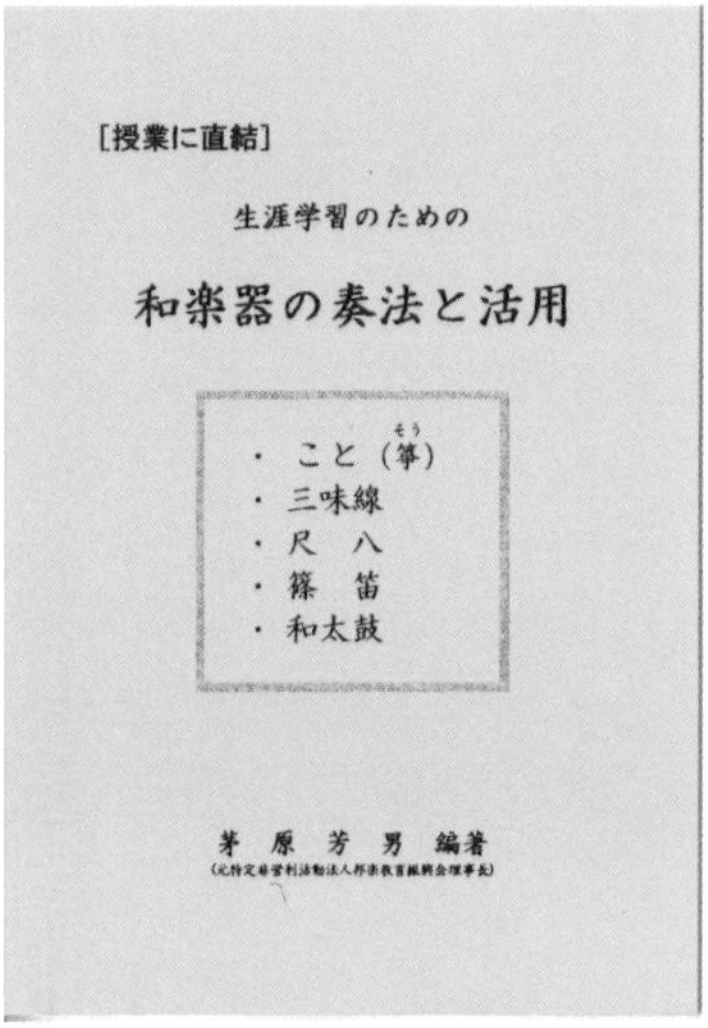

①と②を合本にしたもので、各練習曲とも五線譜の下に、箏・尺八・篠笛・三味線の4種の楽譜を配した新しい形になっている。大げさにいえば、全楽器の楽譜が同じページに掲載されているオーケストラ風の楽譜ともいえる。

1　箏《こと》

（1）各部の名称（2）弦(糸)の名称（3）柱の種類（4）爪（5）体と手の構え方（6）調弦（7）親指の爪の当て

方と弾き方　（8）弾く位置と音色の違い（9）押し手（左手の技法）　（10）さまざまな奏法（11）練習曲1・2［創作しよう］

2　三味線

（1）各部の名称　（2）種類（3）付属品（4）糸の掛け方（5）駒を掛ける（6）撥の持ち方　（7）構え方（8）調弦（9）基本の弾き方（10）勘所（つぼ）と譜尺（11）勘所の押さえ方　（12）楽譜　（13）スクイ・ハジキ　（14）その他の技法（15）練習曲

3　尺　八

（1）各部の名称（2）種類（3）持ち方　（4）構え方（5）音の出し方（6）基本の音階・無技巧音　（7）無技巧音の練習（8）技巧音　（9）運指表・記譜法（10）練習曲

4　篠　笛

（1）各部の名称（2）種類（3）構え方（4）音の出し方　（5）基本の長音階（6）楽譜（7）特別な奏法（8）運指表（9）練習曲

5　和太鼓

（1）種　類　（2）長胴太鼓（大太鼓）（3）締太鼓　（4）太鼓活用の活動

6　各楽器共通の練習曲（○数字は共通教材・学年）

かごめかごめ、ひらいたひらいた①、子もり歌[陽]⑤、子もり歌[陰]、うさぎ③、てぃんさぐぬ花、もっこ、こきりこ節、越天楽今様⑥、さくらさくら④、黒田節、お江戸日本橋、通りゃんせ、あんたがたどこさ。

◎和楽器の奏法と活用　無償提供先…略語は次の通り。

教委は教育委員会、教育Cは教育センター、小中は小学校・中学校、音研は音楽教育研究会。

邦教振北海道オホーツク支部、岩手県教育C、栃木県中音研、埼玉県教育C、神奈川県教育C、石川県教育C、大阪府教育C、島根県教育C、広島市小音研、徳島県教育C、高松市教委、佐賀県教育C、鹿児島県教育C、仙台市教育C、横浜市教育C、江戸川区小音研、横浜市小音研、全日本音楽教育研究会、八王子市小音研、京都市小音研、東京都小音研、邦教振関西支部研究会、長崎県音研、邦教振群馬支部、多摩市小音研、秋田県南秋田郡音研、桶川市音研、宮崎市音研

（以上　全28機関、計４３８０部）

④ＤＶＤ　やさしく学べる和楽器の奏法入門（平成17年）／発売　太鼓センター

このＤＶＤは、③「和楽器の奏法と活用」に準拠して構成したもので、邦教振解散に当たって作成し、会員には記念品として贈呈した。楽器名と内容は左記の通りである。

○箏　　各部の名称、２つの音から始めよう、スクイ爪について、押し手について、各種の奏法

○三味線　簡単な歴史と種類、各部の名称、糸の掛け方と調弦の仕方、構え方、曲を弾いてみましょう

○尺　八　簡単な歴史と種類、構え方、音の出し方、曲を吹いてみましょう、メリ音について

○篠　笛　種類と各部の名称、音の出し方、構え方、曲を吹いてみましょう、半音について

○和太鼓　種類、各部の名称、バチの種類と握り方、打ち方色々、和太鼓基本打法

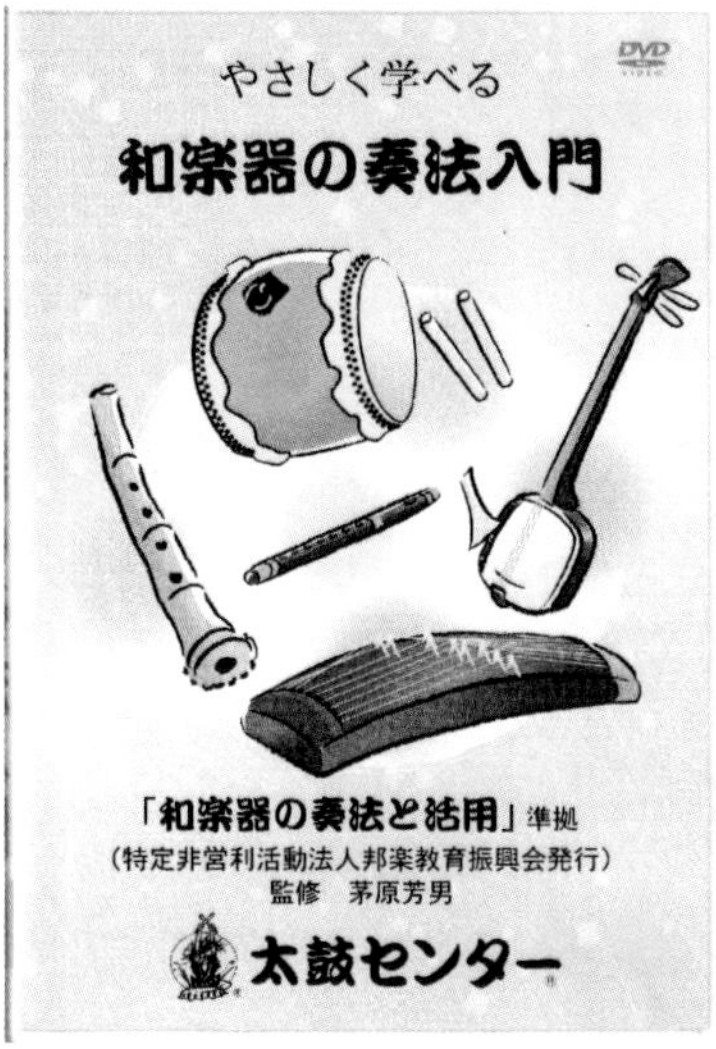

（3）山川基金　和楽器貸与事業一覧　　平成　7年10月2日　現在

会設立時の発起人・常任幹事として多大なご支援をいただいた、みさと笛・尺八の山川直春先生が平成4年7月に他界された。ご遺族より多額のご芳志が寄せられたことから、それを基金として会員や一般の方々に浄財や楽器の寄贈をお願いし、学校用和楽器の無料貸出を始めた。平成9年9月現在、約250面の箏、若干の三味線他の楽器が、延べ60校以上に貸し出され、多くの指導実践記録が寄せられた。

左の学校は一例で、会の解散まで他校も交えた活発な活動を継続、実施した。

［埼玉県］（5校・1団体）

・坂戸市泉中	箏	10
・坂戸市浅羽野中	箏	10
・浦和市本太小	箏	10
・浦和市常盤北小	箏	10
・蕨市南小	箏	10
・狭山市三曲連盟	箏	10

［千葉県］（1校・1団体）

・船橋市立峰台小　箏10

・八千代市中学校　箏10

［神奈川県］（2校）

・川崎市立東高津小　箏12

・川崎市立長沢中　箏10

［東京都］（45校）

・中央区佃島小　箏10

・中央区阪本小　箏7

・中央区明石小　箏8

・中央区月島三小　箏10

・文京区誠之小　箏10

・台東区今戸中　等10
・渋谷区猿楽小　等10
・大田区立糀谷中　等8
・荒川区小台橋小　等10
・荒川区尾久六小　等5
・品川区立大間窪小　等10
・品川区小山小　等10
・品川区芳水小　等10
・品川区大崎中　等10
・品川区戸越台中　等10
・北区滝野川五小　等10
・江東区数矢小　等10
・江東区深川五中　等10
・江東区大島中　等2
・世田谷区立中里小　等10

・杉並区杉並三小　箏10
・杉並区和泉中　三5
・杉並区久我山小　箏4、三味線2
・江戸川区南葛西小　箏10
・江戸川区西葛西小　箏8
・江戸川区瑞江小　箏10
・江戸川区一之江小　箏10
・江戸川区第二松江小　箏10
・東大和市第六小　箏12
・東大和市第七小　箏10
・東大和市第十小　箏7
・東村山市八坂小　箏10
・小平市十一小　箏7
・小平市小平第十三小　箏10
・小金井市本町小　箏10

・福生市福生二小　箏10
・町田市三輪小　箏10
・町田市南つくし野小　箏10
・町田市忠生五小　箏10
・多摩市多摩三小　箏2
・八王子市鹿島小　箏10
・稲城市第五小　箏10
・八王子市片倉台小　箏10
・武蔵野市本宿小　箏4・三味線2
・都立武蔵村山東高校　箏10

［山梨県］（5校）

・櫛形町豊小　箏5
・八田村八田中　箏4
・南部町睦合小　箏5

・櫛形町小笠原小　　箏5
・竜王町竜王南小　　箏5
【愛知県】（1校）
・名古屋市植田北小　　箏4・三味線5
【愛媛県】（1校）
・県立今治北高校　　箏3

（4）教員対象和楽器実技研修会　事例（平成14年7月29・30日）講師　茅原芳男

【本部】

Ⅰ　ねらい　箏で授業をするためのヒント（箏の奏法と具体的な活用法）を提供する。
Ⅱ　使用資料
　1　和楽器の奏法と活用（当会発行）
　2　宮城道雄作曲「春の海」の冒頭10小節の楽譜（尺八・箏共に五線譜と数字譜の併用）。
　3　八橋検校作曲「六段の調（初段）」の楽譜。
　　縦書き譜（奏法譜）と五線譜（一弦＝D音の実音譜）。

Ⅲ　留意事項

1　教師が一人で、すべての準備や指導ができる手順を理解してもらう。

2　箏や箏曲と、関連する邦楽の特徴的事項を折りに触れて説明し、理解してもらう。

3　西洋音楽との共通点、類似点、相違点などをしながら理解を深めてもらう。

4　邦楽の楽典や理論的事項も適宜、理解してもらう。

5　学年の応じてできる発展的活動を具体的に例示し、理解してもらう。

［第1日　午前］

1　演奏までの準備や留意点など。

（1）箏本体を琴袋などから出して演奏準備。収納時は元の状態にもどすことを指示。

（2）楽器名の確認。（教育界は〝そう〟、一般社会は〝こと〟だが…?）

（3）箏と琴の違い。それぞれの同属楽器を日本と外国で例示。

（4）本体各部の名称。

（5）弦の見分け方の工夫。

（6）爪選び。（各人の指に合わせるため、指輪のサイズは可能な限り多種を用意する）

2　調弦の留意事項

（1）基本的に自由である。（演奏上必要な音を配列する。カール・オルフ方式も同じ）

（2）古来の調弦は尊重するが、箏を教える伝承的活動ではないので後刻取り上げる。

（3）西洋音楽の調性との関連も考慮する。

（4）教師の重要な役割は、やさしく弾くことのできる調弦の工夫である。

3　導入　音を出してみる。（音の出し方、指使いなどは自由）

（1）音を作ってみる。（柱の立て方）

（2）2音（7＝ラ、6＝ソ）を調弦し、人名、呼び声、手遊び歌などを旋律奏する。

（3）3音（5＝ミ）を調弦し、「大さむ小さむ」などのわらべうたを旋律奏する。

4　演奏　基本的事項を確認する。

（1）構える位置、構え方、親指の爪の当て方、左手の位置など。

（2）「かごめかごめ」「あんたがたどこさ」などのわらべうたで音を楽しむ。
①　4音（8＝シ）を調弦する。
②　普通に旋律奏をする。
③　弾く位置を変える（竜角から左へ）と音色が変化することを実感する。
④　複数組で2小節ずつ遅れた追いかけ奏（輪唱のように）をする。
⑤　短い旋律を反復演奏し、前記の(1)～(3)を加えた簡単な合奏をする。
⑥　他の楽器も加え、箏との同時演奏を工夫する。

[第1日　午後]

1　民謡調子の理解
（1）調弦を完成させる。
（2）13本を弾いて指ならしをする。（爪の当て方に留意）
①　中指で1～12、親指で13～2、人差し指で1～12、親指で反復。
②　弾く位置の変更や強さの加減による音色の変化を確認。
（3）「かごめかごめ」を1オクターブ高く旋律奏する。（各弦名に5を加える）

（4）〃スクイ爪〃〃合わせ爪〃を練習し、「かごめかごめ」を弾いてみる。
（5）1面を二人で、1オクターブ違いの追いかけ奏や短い旋律の反復演奏を加える。
（6）1と2は完全4度、1と3は完全5度で、西洋音楽のⅠ・Ⅳ・Ⅴと酷似しているので、ベース音風に考えながら、両手で2声体の演奏をする。他の一人を担当にしてもよい。
（7）異なる曲の同時演奏を試みる。（段合わせのように）
　2～3音のわらべうたや「かごめかごめ」「あんたがたどこさ」「越天楽今様」など。
（8）民謡調子は、わらべうた・民謡や教科書教材などを幅広く演奏できることを理解する。平調子以前の導入期には最適な調弦で、豊富な指導内容があることを確認する。

2　平調子の理解（4・6・9・11を1音下げる）

（1）　留意事項

①一般的には一＝D音にするが、♭2つのト短調風になるので、他の楽器との関連を考慮した場合、学校ではE音にすることが効果的であることを理解する。
②絶対音高と相対音高を理解する。
　前者は五線譜や調性を重視した西洋音楽。後者は奏法譜を用い移調が自由な邦楽。

③ 教育的課題と邦楽や和楽器との関連について話題とする。

（2）平調子の調弦と演奏。

① 前出の指慣らしと「さくらさくら」の旋律奏をする。

② 1オクターブ高い旋律奏で〝弱押し〟を体験し〝押し手〟を理解する。

③「さくらさくら」で、掻き爪、割り爪、トレモロなどの技法を練習する。

④ 各種の技法を活用し、自分自身の「さくら変奏曲」を全員で演奏する。

〔第2日　午前〕

1　古来の各種の調弦を理解し、調性との関連も考える。

（1）本雲井調子の調弦と「黒田節」の旋律奏。♭一つの調子と共通点があることを理解。

「黒田節」「越天楽今様」、雅楽「越天楽」「千鳥の曲」などの関連事項の説明。

（2）中空調子の調弦と「お江戸日本橋」の旋律奏。♯1つの調子と共通点があることを理解。

（3）楽調子や乃木調子は、箏を弾く場合に有効だが調性との関連で留意することが肝要。

2　各調弦は理論的に、半音ずつ変えることによって12種類ができる。

［第2日　午後］

1　「春の海」の冒頭10小節の練習。
（1）調弦はこれまでの平調子の4・9・11を1音上げる。実音は原曲と同じ。
（2）尺八・箏の2パートを箏で練習し、二組で演奏する。

2「六段の調（初段）」を弾く。
（1）調弦の方法を理解する。
（2）縦書き譜の見方を五線譜と比べながら理解する。
（3）五線譜（一＝Dの実音譜）と縦書き譜を検証しながら演奏を鑑賞する。
絶対音感の保有者に配慮した処置である。
（4）縦書き譜による演奏を試みる。

3　自作変奏曲「さくらさくら」を全員で多声部（自由）合奏をする。

注　各種奏法の紹介、調弦、お楽しみ演奏などを随時、演奏家にご協力いただいた。

【他の教員対象和楽器実技研修会など】

1　本部

・東京で毎年夏休みを利用して、複数の和楽器研修会を実施した。

・楽器の種別は、箏、三味線（長唄・常磐津）篠笛、尺八、和太鼓

・講師は、主に会員が担当した。

・内容は、前出の当会作成資料の他、講師持参の資料などであった。

【関西支部】

和楽器実技講習会　　情報提供は、元関西支部大原啓司氏

○実施年月と回数　　平成４年８月～25年８月までの22回。

○開講講座（数字は実施回数）

・箏、尺八、太鼓＝22

・三味線　長唄　14、義太夫　1、地唄6、計21

・囃　子　歌舞伎　9、能楽　4、計13
・篠笛　11
・箏活用　10
・囃子活用　1
○参加延べ人数　1912名
○参加者の府県　兵庫（大多数）、大阪、京都、和歌山、奈良、岡山、広島、福岡、愛知、千葉
○参加者の職種　小学校（大多数）、中学校と特別支援学校・養護学校（多数）、大学の教員、大阪教育大学
　　学生、一般
○会　場　・1〜7回目　播磨町の小学校（関西支部大原氏勤務校）
　・8回目以降　播磨町の中央公民館
　・9回目以降　南は播磨町、北は養父市関宮公民館の2会場（参加者の要望で）。
　・12回目以降　北部会場は豊岡市日高町公民館に。
○講師　箏・尺八・太鼓・長唄三味線・地唄三味線は、関西邦楽教育振興会の会員
　太鼓、歌舞伎と能楽の囃子、篠笛、義太夫三味線は依頼。
○楽しみ演奏（鑑賞）、実施回数と内容

・3回　※北インドの太鼓「タブラー・バーヤン」のボウル(口唱歌)の実演。
長唄、尺八
・2回　篠笛、※筑前琵琶、箏と尺八、能楽囃子、太鼓
・1回　・子ども長唄(大阪市の中学生2名と京都市の小学生1名)
・※タブラと小鼓の即興饗宴、小鼓と笛「一調一管」、箏、歌舞伎の囃子、春の海
・尺八「鹿の遠音」…参観に見えた尺八奏者とアメリカ人で。

※「タブラー・バーヤン」と「小鼓」との即興共演
昭和55年、NHK特集番組「日本の響'80」で、堅田喜三久の小鼓とアラ・ラカのタブラ・バーヤンの即興共演があり、それを2人に伝えて共演が実現。
※「タブラ・バーヤンのデモ演奏」…囃子の唱歌の関連付けで。
※筑前琵琶の1回目は、上原まり氏が播磨町に来られた時に依頼に出かけたら、「良いことをしてはる」と褒めて頂いたが、その日の予定が既に入っているため彼女のお弟子さんを紹介して頂いた。

【邦教振各支部】

オホーツク、新潟、群馬、及び個人会員は、それぞれの地域で、教員対象の実技研修会及び児童生徒対象の体験学習、鑑賞会などを多数、実施していた。

（5）研究集録　教師会員による授業実践記録。

◎〝和楽器〟活用の音楽教育　第1集（平成14年）

【小学校】

1 「神田囃子」のおけいこ　東京都　森　育子

2 こころがおどる京都府民俗芸能「和知太鼓」　京都府　藤田加代

3 箏の音色を生かして

平成14年度　研究集録

〝和楽器〟活用の音楽教育

第1集

発行

特定非営利活動法人邦楽教育振興会

11　日本の文化を体験しよう「義太夫節の鑑賞」　兵庫県　諏訪裕子

12　「我が国や諸外国の音楽に親しもう」～私たちの「越天楽今様」を表現しよう～　神奈川県　佐藤潤子

13　子どもたちが音楽しやすい環境づくり　愛知県　下原幸世

14　地球音楽を楽器の王様「箏」で　兵庫県　大原啓司

15　授業における和楽器活用の指導実践記録　茨城県　物井明美

16　「おＫＯＴＯで授業」　北海道　赤坂彩子

17　日本の音や音楽に親しもう～和楽器を使った創作活動を通して～　北海道　赤坂彩子

18　日本の音楽の授業を実践してきて　千葉県　鈴木喜美子

石川県　福島直美

◎〝和楽器〟活用の音楽教育　第２集（平成15年）

【小学校】

１　「おＫＯＴＯで授業」　〜邦教振イホーツクの活動〜
北海道　赤坂彩子

２　和楽器で、広がり、高まる表現活動を目指した総合学習「リズムで歌えばケルルンクック」
神奈川県　江頭妙子

３　洋楽にも和楽器をどんどん利用しよう！
兵庫県　大原啓司

４　日本の伝統音楽にも親しもう
「歌舞伎鑑賞」「歌舞伎囃子鑑賞」「小鼓の体験学習を通して」
東京都　小野敬子

５　日本の心を感じたい　〜音楽科、総合学習での日本の音楽への導入の試み〜
兵庫県　諏訪裕子

6　和楽器で楽しもう　～秋に虫の音～
東京都　園田明美

7　邦楽と国際理解教育　～第５学年　総合的な学習における実践記録～
東京都　塚越佐智子

8　日本の伝統音楽の教材化　～「お江戸日本橋」の編曲に取り組んで～
東京都　長見みどり

9　東京都小学校音楽教育研究会　邦楽教育研究会委嘱作品
和楽器を使った合奏曲「オキナワン　ラプソディ」
邦楽教育研究会主題
邦楽を通して、豊かな心を育てよう
東京都　橋本保代

10　京都中堂寺六斎念仏教材化　～小学校高学年個人持ち篠笛導入実践記録～
京都府　藤田加代

11　我が国の音楽に関心を深め、親しむ態度を育てる表現指導の在り方
～和楽器と身体表現を取り入れた、民謡「八木節」の指導の工夫を通して～

17　第6学年　鑑賞「六段」（「音楽科の評価」文部省小学校音楽指導資料　昭和51）
東京都（小）茅原芳男

◎〝和楽器〟活用の音楽教育　第3集（平成16年）

Ⅰ　指導実践編

1　「短期おＫＯＴＯスクール」
北海道（小）赤坂彩子

2　「越天楽幻想曲」
神奈川県（小）伊藤裕子

3　―和楽器を取り入れた音楽的な総合学習―「カッパのいた里」
神奈川県（小）江頭妙子

4　女子十二楽坊の「奇跡＋自由」を音楽会で奏でて
六年の総合学習「平和教育」と地球音楽を絡めて
兵庫県（小）太原啓司

Ⅱ　作編曲作品

1　奇　跡　兵庫県（小）大　原　啓　司

2　春の海　埼玉県（中）近　郷　規　子

3　コンドルは飛んで行く　兵庫県（小）諏　訪　裕　子

4　日本のうた　東京都（小）関　口　美千子

5　〃ふるさと〃めぐり　～二部合唱と箏群による～　東京都（小）茅　原　芳　男

6　アンセム　神奈川県（小）吉　原　裕　子

（6）会報　日本の音を子どもたちに（巻頭言など）

【第1号　昭和63年1月】
やるっきゃない

昭和63年1月17日、「邦楽教育を推進する会」は生まれました。ご支援をいただいた多くの方々に、心より厚くお礼申し上げます。全くゼロより出発した会でありますので、組織も予算もない寄り合い世帯ではあります。あるものは皆様方の邦楽普及への情熱と問題点ばかりであるようにも思われます。しかし、無い無いといい、考えてばかりではお話になりません。〝やるっきゃない〟と思います。

できることを一つずつ解決して着実に歩を進めていきたいと思います。

当面は、本年9月に告示される学習指導要領に「邦楽分野の充実―特に和楽器活用―」が明示されるよう運動を進めたいと思います。そのための署名運動も全国的に展開されました。3月末には再度、文部大臣、文部省へお願いに参上する予定です。3月25日には「日本の音を子どもたちに…邦楽教育推進のつどい…」も行われます。

今後は、運動の焦点を学校に、音楽教師に当て、邦楽への理解を深め、邦楽教育が実践されるよう側面的に協力する態勢を整えていきたいと念じております。

邦楽普及の鍵は、学校で、音楽教育で、常時、邦楽指導が行われることであると信じます。教える先生がいない、楽器が無い…などといっては〝我が国の音楽を尊重する〟という教育方針も泣いてしまいます。

意識の中に常に邦楽を位置付け「古くからの和楽器で、新しい創造的音楽的活動」をすることが、音楽教師に理解され、実践されるよう皆様と協力し合って進みたいと思います。

それはやがて、邦楽の普及・発展に連なり、西洋音楽と同時・同等に邦楽が登場することによって、真の日本国民のための音楽教育が進められることになると思うのです。皆々様の限りないお力添えを切にお願いする次第であります。

【第2号　平成元年4月】（再掲）

【特別寄稿】

国務大臣　青木正久

このたびの新学習指導要領により、邦楽が重要視され、また和楽器の活用が明文化されたことは喜びに耐えません。

私たちは音楽の普及と音楽家の地位向上のため、十年前から音楽議員連盟をつくって活動してきましたが、その問題点の一つは〝邦楽〟の地位についてでありました。

どこの国の音楽教育をみても、まずその国、古来の音から始めるのが常識になっております。わが国の場合は敗戦から戦後が出発したため、邦楽軽視ともいえる風潮が充満していました。

ここで一つの関をこえることができました。

しかし、和楽振興はこれからです。音議連は今後も邦楽のため、努力することを、お誓い申し上げます。

（音楽議員連盟事務局長）

【第2号　平成元年4月】（上段は前掲の特別寄稿、下段が本稿）

生涯邦楽・生涯楽器・教育流邦楽

生涯教育に関することは、今の教育界で重要課題の一つです。生涯にわたり、つまり、家庭生活（幼児期）・学校生活（青少年期）・社会生活（おとな）を通じて教育を受けよう、学習をしよう、ということでもあります。

市民権を得ている「生涯体育」ということばに強い魅力を感じます。「〝生涯音楽〟にも市民権を！」と叫びたくなります。家庭・学校・社会で、音楽が、邦楽が、大手を振って歩けたなら…素晴らしい限りです。

さて、邦楽は生涯音楽といえるでしょうか？　もちろんです。

大半の日本人は、この世に生を受けると同時に、歌い継がれてきた〝こもりうた〟を耳にし、やがては、仏教音楽〝声明（しょうみょう）〟の余韻にひたる方も多いと思われます。この間、〝わらべうた・民謡〟から〝和楽器に関係の深い各種の邦楽〟があり、人それぞれに、さまざまな形で関わりをもっていると思われます。まさに「生涯邦楽」そのものです。

しかし、過去の教育（家庭・学校・社会の）は、この邦楽を総合的にとらえ、意識的に体系化し、価値を理解させるところまで進んでいなかったと思います。

新学習指導要領は「伝統的音楽の重視」を打ちだしました。私は「邦楽の重視」と理解し、「生涯音楽としての邦楽…生涯邦楽」が認知され、出発・進行することになったと思います。

では、生涯の一里塚である学校で、ナニをどのように？

今は、「日本の生の音に子どもたちをひたらせること」が何よりも大切であると思います。「日本の生の音」とは和楽器を意味します。この和楽器は、現実に幼児から高齢者までが関わっている「生涯楽器」でもあります。「学校の実情に応じた和楽器を活用する教育活動…」を通じて、子どもたちに潜在すると思われる本来の感覚を呼び起こし、「温故知新から創造へ」と発展させたい…と思います。

「ゆりかごからハカバまで」は、「子もり歌から声明《しょうみょう》まで」と考え、子もり歌・わらべうたを起点とする生涯邦楽を、生涯楽器である和楽器による教育流邦楽で推進し、生涯音楽をそして、生涯教育を考えたいと思います。

今回の学習指導要領改訂にあたり、絶大なご支援を賜わりました国会の音楽議員連盟（事務局長・環境庁長官青木正久先生）に対しまして、心よりの感謝の意を表明する次第であります。

【第46号平成9年1月】

設立10周年を迎える年に

・邦楽普及の鍵は学校教育にあり

・和楽器を義務教育の普通授業に

と動き始めたのは、昭和62年秋。10年後の今、音楽教育は変化したのだろうか？

一部とはいえ間違いなく普通授業に和楽器は登場している。箏・和太鼓・笛・三味線・打楽器…。

『邦楽（日本の音楽）』を主題とする研究・実践も、会報で報告しているように、質量ともに10年前とは比較にならない状況になっている。

1月20日（月）、国立2小で学級担任が2年生のご自分のクラスで公開授業をされた。主な内容は、わらべうたを題材として、「箏であそぼう」というものであったが、子どもたちは実にのびのびと取り組んでいた。傍点の部分を考えてみると、恐らく史上初の!?の公開授業ではなかったかとさえ思われた。

だが、喜んでいる場合ではない。中3・中2の必修音楽時間数が1時間減になってきているのに、今度は音楽**科**が消滅する…というブッソウな話が巷間伝えられている。〃学校五日制→授業時数削減→音楽図工の統合〃とか？〃ゾンナモノイラナイ〃ということなのかな？我が家（和の音）」を顧みず隣の芝生（西洋の音）」に目が眩んだツケなのかな？どうせ統合されるなら、この際伝統芸術科としたらどうかな？邦楽も、舞台芸術も陶芸も絵画も茶道も華道も…。ついでに邦楽界にも一言。

作品発表もいい…グループ活動もいい、目先の活動もいい…。だが、門下生や次世代の聴衆・観客は今の子どもたちであることは自明。しかし、教育問題に関心をもち、直接、行動しているのは一部の好事家？だけ…。

節目の年に当たり、ついつい考え込んでしまう。

【第56号 平成10年9月】

「和楽器などの活用」の本格化を願う

21世紀の音楽教育が、教育課程審議会の答申に見られるような方向に進んだとしたら、和楽器や邦楽が重点的に取上げられるようになるでしょう。各地の学校から日本の音が流れるかもしれません。それはそれで誠に結構なことですが、手放しで喜べる状態ではなく多くの問題が横たわっています。それらが全て解決し大きく進展することを願いたいものです。

『問題点』

1　大学における教員養成

音楽教師が邦楽や和楽器を洋楽や洋楽器並に指導できるよう、指導法も含めた最小限必要な単位を必修とする制度にしなければなりません。大学側にとっては大変なことと思いますが、現在でも実施している大学があるのですから、ぜひその方向で進んでほしいと思います。

２　現職教員の研修とＴＴ制度の活用

現職の教師は、邦楽や和楽器についてある程度の知識や技能を早急に習得する必要があります。そのためには短期集中型の研修で実効をあげることが求められます。

今、教育界には複数の教師で一学級を指導するＴＴ（ティームティーチング）制度の動きがあります。学校教師と地域の邦楽人とが協力し、指導に当たることができたなら…と、ついつい考えてしまいます。邦楽人に活躍の場を提供する意味でも極めて有意義なことであると思うのですが…。

３　指導内容の選定、指導法の研究

邦楽や和楽器の何を、どのように指導するか。今は、それぞれの先生たちが苦労しながら手作りの教材で工夫しながら指導に当たっています。

組織的に研究機関を作り、早急に当面の課題に対処することが必要です。和楽器の活用は今後の新しい音楽教育で指導法の中心的役割を担うことになるでしょう。みんなで考えたいものです。

４　和楽器の常備

ピアノや電子オルガンなどは、現物支給で学校に常備されていますが、他の高額な楽器も地域によっては

大量に現物が支給されています。

また、児童生徒は個人持ちの楽器としてリコーダーや鍵盤ハーモニカなどを所持しています。各学校に大太鼓や締太鼓があり、二人に1面・1挺の箏や三味線などが音楽室に常置され、子どもたちが一本ずつの笛を持つ…何とすばらしいことでしょう。ぜひ、実現させたいものです。

【第64号 平成12年1月】

和楽器　晴れて表舞台へ　～中学校の和楽器必修によせて～

新学習指導要領の完全実施は平成14年4月だが、これに先立って移行措置がこの4月から行われる。つまり、新しい指導内容を先取りして実施しても良いということである。

音楽科の新しい指導内容に見られる特筆事項は、和楽器の活用と発声法の工夫の二点であると思う。これがこの4月からどうなっていくのか、大きな関心事である。

これまでに箏を弾いた小中学生は数え切れないほどの多数に上っているはず。一方、その旋律奏どころか、箏にも触れず無関心であることから、数の単位である〝面〟を用いず平気で台という多数の教師。世紀末の珍事なのであろうか？　特筆事項の二項目には目もくれず、新分野の総合的学習に関心を寄せ、和楽器の活用どころか、これを絶好の隠れ蓑とするかのような言動、中には音楽科の存在すら希薄にするような論調も散見される。

洋楽系の表現活動に関する研究・指導実績は高度な成果を実らせてきた。和楽器活用に関する研究・実践は、その頻度に応じて格段の飛躍を遂げ、全国各地から具体例が報告されるであろう。

音楽科は、音素材そのものが基礎として不可欠な要素であることを確認すべきであろう。日本の音も西洋の音も対等に位置づけた上で創造的活動を探求することは音楽教師の義務である。

『特記事項』（注）左記の小論に遭遇したのでご覧いただきたい。

東京都教育庁編集　**教育庁報** №439（平成12・1・4）より

「邦楽教育に期待する（抜粋）」　東京都教育委員会委員　国分正明氏

これまでも、中央教育審議会をはじめ各方面からこのような提言がなされてきたが、率直にいって学校教育の現場ではいわばスローガン的なものにとどまっていたように感じられる。しかし、この度の学習指導要領の改訂は、邦楽教育を積極的かつ具体的に打ち出した。学校現場では、これまで洋楽一辺倒だっただけにしばらく戸惑いもあろうし、試行錯誤が繰り返されたりするかもしれない。しかし音楽教育の面でも、日本固有の文化を理解し、愛する心を育ててほしいと切に願うのである」

和楽器は晴れの舞台に堂々と登場する。邦楽界は邦楽教授ではない邦楽教育をより正しく理解し、邦楽の神髄をご伝授願いたい。楽器業界も史上初の一大転換期を目前に万全の態勢を整え、全力を傾注して教育界に対処してほしいと思う。

【第71号　平成13年3月】

「和楽器」予算を確保しよう

〝学校予算は乏しい〟といいながら、〇十万円もの高価な吹奏楽器が購入されている。総計は計り知れない。用途は大半がクラブ・部活動などの課外活動で、授業で活用されることはわずかであろう。その高価な楽器の購入は多くの場合、音楽教師の単なる欲望に起因することも多く、一部の児童生徒だけが使用していると思われる。義務教育本来の姿から逸脱していると考えたくもなるし、極論すれば、明らかな偏向教育であるといえないこともない。それを学校側や教育委員会が容認し、地域のイベントやコンクールなどの対外的活動で脚光を浴びるからと有頂天になるなど、嘆かわしい限りと思うこともしばしばである。

なぜ、このような状況が生まれたのであろうか？　いうまでもなく、すべては過去の音楽教育のなせる業であろう。その様な価値観を育んできたのだから…。

今ここで2年間程度、金管楽器を含む洋楽器の購入を断念したからといって、実質的な教育効果が減退することはありえない。過去の歌唱など表現領域の実績は、相応の重みをもっているハズ。2年間にわたって和楽器だけに予算を投入したならば、その教育効果は飛躍的に結実するだろう。あまりにも遅きに失したが、世はようやく本来の姿を取り戻そうとしている。教育界は真摯に、和楽器の活用を明示した学習指導要領に対処すべきである。和楽器ゼロ！　は何の自慢にもならないし、むしろ恥ずべきことである。

古い音でもう一つの新しい音楽教育を模索する努力が今、求められているはずである。

【第72号　平成13年5月】
当会「手引書」の一部、新教科書に登場

平成14年度から使われる注目の新教科書が展示されている。小学校用は3社より出版されているが、和

楽器に関しては残念ながら、ごく一部に〝箏〟が顔を出している程度に過ぎない。

中学校用は2社より出版されており、教育出版㈱は和楽器のページで、和太鼓、箏、三味線、篠笛・尺八を各2ページ、計8ページ扱いになっている。その中に、当会作成「手引書」の左記の3項目が掲載されていた。

・三味線の基礎練習より〝開放弦の練習①②〟の五線譜と三線譜併用の各8小節。

・「越天楽今様」の箏譜、三味線譜、太鼓譜。

・「かごめかごめ」の箏譜（作成時のミスもそのまま掲載）、

教育出版㈱様に対しても心よりお礼を申し上げる。以下略。

『**後日譚1**』

この「手引書」は2分冊で、平成4年6月1日発行。1が箏編、2が三味線、尺八、みさと笛、琵琶、太鼓編で、小学校共通教材の歌唱曲の旋律を、箏やこれらの楽器でも演奏できる構成になっていた。

発行時、新聞に紹介され、二日間で400本以上の注文電話が殺到するという、想定外の歴史的大事件？であった。

本年5月1日、読売新聞夕刊に、三弦・箏演奏家で会員の高田和子さんによる「和楽器導入への邦楽教育の課題」と題した一文が掲載された。その中で、『とにかく実践的で、その楽器を全く弾いたことがない先生でも、すぐに授業に役立つように書かれている。』として紹介していただいた。

『後日譚2』

教育出版㈱の教科書への掲載については、会報で採用のお礼を述べた。しかし無断転載であったことから、某役員と共に同社へ赴き厳重に抗議した。会社側は、平身低頭、謝罪し、一部の曲には筆者名も追記するということで、一応その場は了として退社した。ところが応対した会社担当者は、同道役員と旧知の間柄であり、その後交流を深めたのであろう、次の教科書改訂時には、堂々と教科書著作者の一員として、以後、その氏名が明記されていた。世は無常？

【第73号　平成13年7月】

芸名は必要か

一般社会における芸名に関することではない。あくまでも教育界に限っての話である。

いうまでもなく教育界は常に中正でなければならない。最近、邦楽の専門家が学校で教育活動をされる機会が多くなっているようである。誠に結構なことではあるが、〝芸名〟は果たして必要なのか、と考え込んでしまう。幸か不幸か、ほとんどの児童・生徒そして教師は〝その芸名〟の意味を知らない。時には、指導的立場の方々でさえ、その実情をご存知ない場合もあるようにさえ感じられる。

邦楽の専門家・愛好家ならば、芸名を目にしただけでその流れは理解できる。特に懸念することは、その流れだけが教育界に紹介され、影響力が発揮されてしまうことであるのではないか？　ということ。

公的機関が実施している教師対象の和楽器関連の研修会でも、講師名に堂々と芸名が記載されている。一見、平穏の文書に見えるのだが、懸念は払拭できない。無意識に伝統の重みを感じ取り、白紙の状態で参加している教師は全く違和感をもたない。その講師を招聘した公的機関の担当者も気付かない。結果は客観的であると信じたいが…？　明日の授業に直結する内容であれば、ある程度は納得できるのだが…？

名曲「春の海」は、これまでも「越天楽」「六段の調」と同等に並ぶ邦楽鑑賞曲であったが、新教科書にも継続して取り上げられている。尺八古典本曲「巣鶴鈴慕」が、全国的に多くの学校で使用されている教育芸術社の新中学校教科書に、鑑賞曲として「鹿の遠音」に代わって登場した。箏曲家ならば全員が「春の海」を「春の海」らしく、尺八演奏家ならば一人残らず、「巣鶴鈴慕」を「巣鶴鈴慕」らしく、暗譜で演奏して当然である。芸名との関連で演奏する、しないなどということがあってはならない。学校の鑑賞曲と芸名とは全く無関係であるし、関係があってはならないはずである。

世は改革の時代とか。誠に結構である。音楽教育界は、和楽器という過大な荷物を前に、何としてでも改革期に入ろうとしている。

邦楽界もそれ相応に動き出してほしい。「私たちの出番」などと考えるより、温故知新を改めて考えてほしい。邦楽史上初の、そして千載一遇の大改革期であることを大所高所から、真剣に考えていただきたい。前時代的な肩書きを用いたり、読み方もわからない芸名を用いたり、先祖伝来！というだけの無味乾燥の曲を固守する…などは願い下げにしていただきたいと思う。

子どもたちにとっては、どのような肩書きや芸名の持ち主であっても、一人の演奏家であり、おじさん、おばさんであり、おねえさん、おにいさんであるに過ぎない。〝戸籍の名前で出ています〟〝私の音にはまってください〟といえる演奏家を待ち望む次第である。

【後日譚】

会員宅に本号が届いた頃、知人の箏曲家から、〝「春の海」は弾きません！〟と苦情が届けられた。他流の曲はご法度だったのである。すべて承知の上でこの記事を掲載したのだが、こういう実情を知らない教員は多数派であることから、『行政はどうするのだろう？』と懸念はしたものの放置した。それ以来、音信は途絶えたが、ご息女からは演奏会の招待状が届き、対応に困っている。

【第74号　平成13年9月】

〝音〟のある「わらべうた」で出発

中学校〝器楽〟の新教科書には、太鼓・筝・三味線・笛・尺八の5種類が取り上げられ、「わらべうた」「日本古謡」などの入門曲が示されている。当面、これらの中から楽器や教材が選択、指導されることになるであろう。

限りある授業時数を考えると、このすべての楽器を体験・演奏させることは、よほどの好条件がなければまず困難であるし、予算措置のない現在、この5種類を備えること自体、ムリがある。30人のクラスで、一人一人に何らかの体験や演奏をさせ、ある種の成果をあげるためには、効果的な楽器と教材の選択が必須となる。

和楽器登場のねらいは、いろいろと考えられる。しかし今は活動を通して、〝生の日本の音〟に触れ、親しませ、味わい、その存在を確認し、体感し、潜在するであろう〝日本的感性〟に刺激を与え、萌芽を促す程度、でよいのではないかと思う。

昭和30年頃、故小泉文夫氏が「わらべうたから出発する音楽教育」を提唱された。ヨーロッパでも「自国のわらべうた」を・・、とする動きがあった。我が国でもそれに呼応した流れも生れ、当時は相応に各地で指導、実践されていたが、しかし、西洋の音・五線譜重視の傾向に変動はなく、音素材としての〝間《ま》を内包した生の日本の音〟の存在は希薄であった。今度こそ〝名実〟兼備の「わらべうた」で出発したい。「〝さくら〟の次はナニを弾く？」という乏しい発想から脱却し、「わらべうた」で…、「和楽器」で…、創造的音楽活動を展開することが今、音楽教育界に求められていると思う。

【第75号　平成13年11月】
3年間で1回触る、で充分？

「和楽器が、これからの音楽の核になるというわけではない。3年間の中に1回触ってみるということであればそれで充分なのではないか。その後、興味関心をもつ生徒はそれを伸ばせばよい。」

これは、ある中音研の広報誌に掲載された座談会記事の一節。

要するに、和楽器不用論のようだが、困った話である。

1　今後、もう一つの音楽の核、もう一つの柱となる新しい音素材であるだろうに…。

2　3年間に1回…。どうしようもなく？　和楽器など眼中にない？

3　興味関心をもつ生徒の育成、興味関心をもたせる指導はしない、ということ？
4「だからどうなんだ。大多数の先生たちは同様の疑問をもっている。」

これは、同中音研の研究会での一教師の発言。これとは別に、「私は、洋楽出身なもので…」とか「和楽器は高価だから…」などはよく聞く話。

みんな、逃げるための言い訳に聞こえてくる。

役員クラスと思われる先生たちから今、この種の意見が飛び出している。和楽器などよりこれまでと同様に、合唱中心の授業や特定の領域だけを保守したいのであろうか。和楽器導入は目前だというのに、なんともやりきれない思いでイッパイになる。これらが、ごく一部の先生たちの考え方であることを祈りたいが、大多数の先生たちがそうなのだろうか？

元をたどれば、このような状況になっているのも、過去の音楽教育がもたらした当然の帰結であり、蓄積された負の遺産ともいえそうな気がする。〝教育〟とは、人の考え方を左右する途方も無い強い力をもっている。改めて、「だからこそ…!」と叫ばなければならない、と痛感するのだが…。先導者であるはずの行政の担当者は、大丈夫だろうか？

【第76号　平成14年1月】
当たり前の音楽教育でありたい

実質的な邦楽教育元年。本来、音楽教育の主軸に位置付けられなければならなかった和楽器という名の音素材の結晶体。あまりにも遅過ぎたが、まずは率直に歓迎しよう。今後は、関係者の資質向上がその前途を左右することになる。

1　指導者層の意識改革が先決

音楽教育の指導的立場にありながらも一部の人々は、西洋の音による自らの城を固守しようとする。義務教育としての音楽教育であることを忘れたかのように…。

音楽評論家故堀内敬三氏（終戦後から続いているＮＨＫラジオ「音楽の泉」の初代解説者）は以前、『日本の音楽を忘れてはならない』という小論（注）を発表されている。長文で恐縮だが、一部を転載させていただく。

「日本人は世界中あらゆる民族の創始した音楽を演奏し、鑑賞する能力を持っている…交響楽団は現代の日本には外国の大国と同程度の技術を持つものが数え切れないほど多く、吹奏楽団も室内楽団も〝いくらでも〟といえるくらい多い…しかし、邦楽の演奏団体は鑑賞者が少ないために…ずっと少なく…、いま日本で〝音楽家〟〝音楽教師〟などと言えば直ちに〝洋楽家〟〝洋楽教師〟を指すと理解されるくらい〝音楽〟という意味が〝洋楽〟だけに偏って社会的に了解されているから、これは偏向と言ってよいだろう。私なども〝音楽評論家〟と呼ばれているが、〝音楽〟全体に網を広げているのではなくて、〝洋楽〟のそれも西洋人にもてはやされている範囲のものだけを知っているに過ぎないのだから、〝音楽評論家〟などと自称するのはおこがましい次第だけれど今の社会通念に従ってそう自称させてもらう。そのうちに社会通念の変更を待って、この偏向を是正させてもらいたいと思うのである。

日本人として現代の音楽界全体を見渡して矛盾を感じるので、同じ感じを持つ多くの人々に訴えたいと思う…。」

（注）「音楽鑑賞教育」昭和47年7月号掲載。（財）音楽鑑賞教育振興会　発行。

2　まず和楽器の現物給付、そして法による支援体制の確立を

和楽器導入は歴史的な大変革である。悠長に対応している場合ではない。何よりもまず和楽器がなければ事は進まない。３年程度、楽器予算は和楽器に充当して欲しい。西洋楽器はもう充分なはずだ。

中長期的には学校図書館法、理科教育振興法などと同様の施策が必要である。例えば、「無形文化財（広く伝統文化）教育振興法」の法制化はいかがであろうか。

3　和楽器の効果的活用を考える研究体制が必要

「古き音を尋ね新しき音楽を知る」ことになったのである。美しい研究主題に酔うことなく、体当たりで大いに汗をかくことも必要であろう。3年程度は、各研究会ごとに精力的に「和楽器問題」に取組むべきである。従来の研究報告に比較したら格段の研究成果が発表されるであろう。箏で「さくらさくら」の旋律奏もできない、などという異常事態は即解消されなければならない。

授業時数、楽器、教材、指導法…、ないないづくしである。だが、それをもって創造性開発の原点としたらどうなのだろう。

研究組織の出番である。

【第77号　平成14年3月】

〝和楽器〟は教育的観点で

4月からの和楽器登場を受けて、これまでは〝邦楽教育元年〟としてきた。直接、和楽器に視点を当てた考え方からすれば、それなりの見方として当然である。しかし、基本的には、このことによって、新しい音楽教育がスタートする、と理解したいものである。

これまでは、「西洋の音という音素材」を主軸とする音楽教育であった。今度は、古きを尋ね新しきを知るもう一つの軸として、「日本の音という音素材」が〝公認〟されて登場することになったのである。そこから新しい表現活動が生れるであろうし、多様な学習活動が展開されることになるであろう。この「二つの音素材」を中心とした新しい音楽教育が始まる、という立場が今後、求められるのではないかと思う。

従来はややもすると、〝和楽器〟だけが独走し、邦楽の普及・発展にのみ目が向けられてきた感もある。そのこと自体はむしろ当然ともいえるが、学習指導要領の完全実施を目の前にして、改めて〝和楽器〟に対する立場を整えて置くことが必要なのではなかろうか。

和楽器を教える立場も必要である。しかし、それがすべてではない。和楽器で西洋の、世界の楽器を知り、共存を図り、ともに音楽活動を実践し、これまでの楽器と同等に和楽器に親しみを持たせることが当面の目標であっていいのではないか。縦軸の背後には深遠な邦楽の世界があり、横軸の繋がりには、西洋の、世界の音楽がある。時間の経過とともに、そこまでの広がりを期待したいとは思う。しかし、残念ながら授業時数の削減という現実も同時にスタートする。楽器予算も喜べる状況にはない。そこで、なにを、どうしたらよいのか、厳しい！ の一語に尽きる。現場の先生方だけが、今、困惑の渦中にあると思われてならない。教育界で重視されている基礎・基本。以前より〝まず、生の日本の音に接すること〟と唱えてきた。何はともあれ、このことだけでも時間の許す限り、実現できる方向へ進んで欲しいと思う。

このたび、「和楽器の奏法と活用」と題したテキストを刊行した。平成4年発行の「和楽器導入期における手引書」を全面的に改訂した内容になっている。取り上げた楽器は、価格、入手方法、用法などを考慮して、箏、三味線、尺八、篠笛そして太鼓の5種とした。和楽器で音楽を…の立場から、楽器に親しみ、初歩的な奏法を理解し、その上で、楽器は少なくてもより効果的に活用するための教育流邦楽の指導法も若干提示した。今の段階で可能と思われる内容ではないかと思っている。資料としてご高覧いただけたら幸である。

【第78号　平成14年5月】

〝新音楽教育〟元年に際して

1　「邦楽教育ルネッサンス」

去る3月19日、東京新聞社主催による表題のフォーラムが開催された。3月26日付同紙朝刊には、当日の文部科学省峯岸創教科調査官の基調講演やパネリスト4名の発言内容などの概要が見開き2ページにわたって掲載された。そこには、30年来の理念でもあった「見つめ直そう邦楽」「音楽教育の再編」という特大の活字が並んでいた。新音楽教育元年にふさわしい表題として提示されたように思う。

2　「小中の一貫教育を…」

4月1日、〝日本の音〟と〝西洋の音〟とが同等に位置付けされた新しい音楽教育は、中学校を基点としてスタートした。今後どのように展開するか未知数である。しかし、これを機に音楽教育界も邦楽界も望ましく、より具体的な環境作りに取り組み、更に大きく発展してほしいと願う。

音楽教育の再編は、小中一貫でなければならない。次の学習指導要領には、『小学校でも6年間を通して、複数の和楽器を…！』の一文を是非明記していただきたいものである。次期改訂を視野に入れたと思われる改訂は10年周期を待たず…、」などの文言が新聞などで散見される。ごく近い将来、その作業も始まるであろう。それへの胎動が静かに感じられる。心したい、ものである。

3　「和楽器の奏法と活用」

当会にとっても大きな転換期である。「学習指導要領に〝和楽器の活用〟を明記して…」で始まった当会の願いが現実のものとなった以上、「次の目標は…?」となる。

実技研修会や学校へのさまざまな支援活動や事業は、本来的には行政や教育研究会の所管でもある。これまでの当会の活動は、単にその代行をしてきただけのことだと思う。

和楽器が関わる教育活動には、楽器などのハードの部分と教材・指導法などのソフトの部分とがある。これまでは一部の地域ではあったが、ハードとソフトをセットにした即効性のある現実的な活動を行ってきた。しかし全国の学校が対象では、ハードはもちろん不可能、可能なのはソフトの一部を提供するだけになるのではないのだろうか。

過日、表題の冊子を会員各位に郵送した。年間ゼロから数時間程度であろう和楽器関連の授業時数を想定し、過去の実践体験から配慮、構成したものであって、単なる手ほどき集や曲集とは異なり、授業に直結した資料であると自賛している。仮に箏、三味線、尺八、笛、太鼓があれば、教師自身が独習し、直ちに授業展開ができる。

「楽器さえあれば、明日、授業ができます。」と、これまでに多くの教師が答えてくれている。

ささやかな資料ではあるが一例として多少なりとも邦楽教育に役立つことができるならば幸甚である。

【第79号　平成14年7月】

用語の整理を急ごう

1　箏の呼び方

13弦の〝こと〟という和楽器を、教育界では「そう」と呼び、一般社会では「こと」という。数える単位も教育界は「そう」で、1そう、2そう、と数え、一般社会では「面」を使って一面、二面…という。異議を唱える人はいない。

旧文部省編の「教育用音楽用語（平成6年）」には次のような記述がある。箏の読み方に関することであるページには、「そう・こと」、他のページには「こと」とあり、箏高音は「ことこうおん」、箏低音は「ことていおん」と示されている。某文化国家の話か？

どうしたらいいのだろう？

※平成29年、遅ればせながら文科省は、そう・こと双方の用法を容認した。

2　邦楽という語

和楽器関連の音楽の総称は不定である。教育界、一般社会を問わず**邦楽**、同義語と思われる**日本音楽**、**日本の音楽**、**伝統音楽**、**伝統的音楽**、**和楽器の音楽**などが混用されている（以前は**日本旋法**も）。その上、それぞれの語義が不明確なので、困惑するだけである。

教育界では公式に邦楽を使用しないと思っていたら、なぜか昨年度の全日本音楽教育研究会全国大会では堂々？　と「邦楽Ⅰ」「邦楽Ⅱ」などと示されていた。その後、**我が国の音楽や我が国の伝統音楽**も登場しており、行政の無定見が露見状態であると言わざるを得ない。

3　音楽は、音を素材とした時間的芸術である。

この一項は、日本初の学習指導要領試案（昭和22年）の冒頭に示されている。音楽の構成要素は音素材。世界各地にはそれぞれの音素材があり、それぞれの音楽を構成している。音素材によってさまざまな音楽を区別する考え方が登場してもよいはずだ。

この4月以降、日本の音素材である声音や和楽器が公式に登場した。この音素材による音楽を新旧問わず2文字で表せる「邦楽」としてもよいではないか。チン問答で恐縮だが、4文字以上使った意味不明の用語よりも、明快であると思うのだが…？

この整理が行われない限り、前出のさまざまな用語が従来どおりに渾然と使用されることになるであろう。

関係者の意のある取り組みを期待したい。教育界でも、そろそろ**「邦楽」**に市民権を与えようではないか。

【第81号　平成14年11月】

〝ＫＪ法〟で鑑賞指導も

和楽器を見た、触った、弾いたなどの後は、関連曲の鑑賞指導へと発展させ、子どもたちの感性に訴えて〝邦楽ってこれなのか！〟と感動、理解させることも指導のねらいである。

〝ＫＪ法〟は、文化人類学者川喜田二郎（元東京工業大学教授）著「発想法」に述べられている〝創造性開発のための理論〟による技法で、氏の頭文字をとって名付けられている。

（詳細は、中公新書168「発想法」・210「続発想法」、インターネットで〝ＫＪ法〟を参照されたい）

・静かな山奥で吹いているみたい
・精神統一ができる
・緊張を感ずる
・時代劇で聴く人を斬った後の音楽みたい
・奈良、平安時代の音楽
・伝統が語りかけてくる
・尺八だけでよくこんな音が出ると思う
・水笛みたいな音
・音がしおれてきた
・ふるえている音がうまく重なっている
・短いふしと長いふしがある
・同じことが何べんも出てくる

・全体にゆっくりだが急に速くなるところがおもしろい
・電車が動き出したみたいに音が高くなり、急ブレーキみたいにがたっと音が低くなる。

以上は、小学校6年生に尺八古典本曲「虚空鈴慕」をレコード鑑賞させた折、ＫＪ法によって記録させたものの一部である。これは聴取中の直感を即座に自由な言葉や短文で次々と記録させ、聴取終了後、曲の構成要素別に分類、集約して作曲者の意図や曲の特徴や全体像などを理解させようと考えた発見学習の一方法でもあった。曲の構成要素は、情景、曲の感じ、リズム、強弱、テンポ、音色など多岐にわたるが、分析的に理解させることもできた。その後、時代の背景や文化などの関連事項も取上げたり、より多面的な指導も可能であった。

鑑賞の評価も効果的である。子供の意外性や直観力を目にできる新らしい評価法を発見したように思う。評価は、教育界で日常的に重視されている課題である。規準の設定は容易だが個々の客観的評価は決して易しくはない。この方法では、教師の感覚や想像をはるかに越える多様な記述が登場した。作曲家や楽器のことなど定番の〝お話〟からではなく、直接、音で音の指導に結び付けることもできる。分類、集約に若干時間を必要とするが、工夫次第で効果的な鑑賞指導ができるので、過去に何回か実施したことがあった。生演奏の鑑賞でこの方法を用いることができたら申し分ない。

子どもたちに対する演奏家による鑑賞会は常時行われている。しかし、一般的には、鑑賞後の感想発表や感想文を書かせたりすることが行われている。「どうだった?」「良かった」「素晴らしかった」「感動した」などでオヒラキになってはいないだろうか?

評価は、明日の授業への準備行動でもあることを常に意識することを心がけたいものである。

詳細は不明だが、音楽分析、楽曲分析の一法といえるかもしれない。

【第82号　平成15年1月】

学校支援の輪を広げよう

本年度の事業として企画した〝会員と学校の接点を求める自主活動〟は、昨年、若干の有志会員が行った、和楽器に関する学校や先生方の実態調査をアンケート形式でお答えいただいたもので、文書を発送した学校の約20%が回答を寄せてくださった。この数字の多寡についてはいろいろな考え方があるだろう。しかし、和楽器初登場の初年度としては、肯定できる内容ではなかったかと思われる。

数年前ならば〝回答ゼロ〟が当然であったし、学校との接点を求めて働きかけをされた会員からは〝悲観的〟な感想だけが寄せられていたのだから…。大いに期待された平成14年であったことからすれば上出来ともいえるのではないかと思った。

◎寄せられた自由な感想や考え方を紹介してみよう。（　）の小・中は校種。

・現在、周りの学校の様子を見ながら思案中。（中）

・選択授業以外に、各学年とも年に2〜3時間程度、短箏の授業。（中）

・今夏も和太鼓の講習会に出席。疲れたが楽しかった。邦楽演奏会も7月に実施した。（小）

・学校には和太鼓が一つあり今夏も和太鼓の講習会に出席。手にマメはできたが一日中たたいた。（養護）

・選択授業で、和楽器を選択した生徒は継続中。（中）

・来年度より和楽器を入れたいが、少ない予算の中でどの程度買えるか不安。（小）

・箏を普通授業では2時間、選択では10時間行う予定。（中）

・狂言に興味・関心がある。あの独特の言い回しや動きについて、子どもたちに教えてあげたい。よい指導者を紹介してほしい。（小）

・時数削減でむずかしいが、和楽器に触れる時間は作っていきたい。（小）

・箏、三味線、尺八、篳篥の鑑賞会を行った。（小）

・和楽器が何もないので今後揃えたい。研修会にも参加したい。（小）

・地域の方を招いて、鑑賞会をする程度。（小）

・今年度、箏6面を購入。各グループに1面、全員が短時間だが体験。（中）
・選択授業で2名が箏に取組んでいる。（中）
・箏、三味線は機会があれば、個人でもやってみたい。どんな楽器を求めたらよいか？
・音楽朝会で箏の演奏をしていただける。（小）
・教師がある程度基本的なことを理解するため、12・13年度は各種の研修に参加している。（小）
・練習やお稽古に通う時間もなかなか取れないが、なんとか子ども達に教えていこうと思う。気軽に相談できる楽器店さんが無いのが悩みの一つである。（中）
・県の文化ふれあい事業の対象校となり、3学年に邦楽の体験授業を予定している。（小）
・保有する和楽器が和太鼓1とさびしい限りだが、少しずつ購入の予定。今年度は6年生に箏の学習を計画中。（小）
・和楽器を使いたい、といつも思っているが、長胴太鼓、柄付太鼓、当り鉦が各1では思うように進まず、あまり授業に生かせないのが現状。長胴太鼓の購入や借用に名案はないか？

大多数の学校の実態は大同小異であるし、これらの回答は教師たちの平均値であろう。次年度以降、このような傾向は年を追って改善されながら広がりを見せるようになっていくと思われる。

だが平行して、楽器や教材が欲しい、邦楽鑑賞をさせたい、演奏できるようになりたい、教え方はどうしたらよいか…などなどのナヤミも増加するだろう。

ＮＰＯ法人邦楽教育振興会の本来的な出番であるように思われる。会員の方々も、個人的にあるいは有志で積極的に学校との関わりを持ち、邦楽鑑賞教室や和楽器体験授業などを通しで悩める先生方への支援に取り組んでいただけたら…と思う。

会としても、そのための具体的な内容や方法を会員の方々と共に考え、楽器運搬費や交通費など必要経費の一部を負担して活動の一助にしていただけるような方策を考えたいと考えている。

【第83号　平成15年3月】
和楽器を用いた器楽指導の実施状況（中学校）

文部科学省は2月3日、表題に関する（1）（2）の2項目を含む「平成14年度公立中学校における教育内容などに関する調査結果を発表した。

全国の中学校総数は約一万一千校、全校が回答したと思われるので、それを前提として考察してみたい。

（1）必修教科における和楽器を用いた器楽指導にかかる授業時数

（年間の必修音楽総時数は1学年…45時間、2・3学年…35時間／単位％）

実施時数	0	1～5	6～10	11～
第1学年	36.8	56.7	5.9	0.6
第2学年	23.6	69.7	5.6	0.9
第3学年	43.6	52.1	3.5	0.8

総体的に、楽器は整備されず教材もない、教師の経験度は低く、指導法もままならないという状況下にあって、様々な問題や課題はさておき、よくぞここまで！　と思いたい。それにしても0～11時間以上の間には大きな開きがある。

・11時間以上

年間授業時数の三分の一前後かそれ以上を意味する。和楽器に対する熱い想いが形となって強く表れていると考えられるし、今後の音楽教育の方向性を先取りして実践されたといえそうである。学校数にしたら都道府県ごとに2校前後になるのだろうか。

・6～10時間

教材選択や環境設定そして指導法に、と相当苦労した結果ではないかと思う。発展的に学校行事でも演奏されたことであろう。初年度、都道府県ごとに平均10校、全国で500校前後がこれだの時数を和楽器関連に確保したとすれば、これだけでも予想以上の展開であり、次年度以降、時数と同時に内容的にも大きな成果が期待できるように思われる。今後当分はこの程度の時数が一般的となり、それぞれ工夫を凝らした指導内容で、和楽器の音が教室から聞えてくるような予感がする。

・1～5時間

圧倒的に多いが平均値なのであろう。諸条件が極めて不備な環境の中であってみれば致し方ない。しかし、「時間がないのだから、和楽器は数時間で…」とする、まず時数ありき…の考え方が優先したように思われる。「差し当たり、刺身のツマで…」とする消極的姿勢か、「とにかくやってみよう！」とする意欲的考え方か、「濃縮した内容で成果をあげた」と綿密な指導計画で実践できたのか、当然のこととして、「その時数で何をしたのかな？」「さくらさくら」と、もう1～2曲を弾いたのかな？」などと想像してしまう。判断できる手がかりとなる材料は何もない。

・0回答

誠に残念である。だが、学年によって差異はあるけれども学校単位で見ると25％以下がこれに該当し、反対に75％以上の学校がどれかの和楽器を使用したことになる、ともいえる。和楽器登場の初年度であることを考えると、予想以上に動きが見られたともいえるし、見方によっては驚異的な結果と考えることもできる。

どちらにしても行き着く先は、和楽器に対する意識の問題（基本的には音楽教育の考え方）である。それぞれの学校や音楽教師には、それなりの理由や考え方があるだろう。多く寄せられる質問に、「年間何時間くらい和楽器関係を取り上げたらよいか？」ということがある。「理想的には、邦楽系と洋楽系5対5なのではないか。あとは先生の考え方や諸条件によって変動させたら…」といつも回答している。

今回の調査は個々の内容よりも、まず時数を取り上げていることが特徴？である。教育内容はもちろん指導計画や指導案を作成する場合には、一般的に指導のねらいや内容を総合的に検討しながら時数も決まってくる。和楽器登場の意義を考え、何をどうしたら…を、時間をかけて皆で考えたいものである。

（2）器楽指導において使用する和楽器別の学校数の割合（単位％）

楽器名は上から　筝、三味線、尺八、打楽器類、篠笛、琵琶、他の楽器。

楽器名	筝	三	尺	打	篠	琵	他

第1学年	40.0	7.1	3.3	20.2	6.7	0.4	3.1
第2学年	58.6	8.6	7.2	15.9	4.8	0.2	2.5
第3学年	33.4	12.3	5.1	16.3	5.4	0.2	2.2

（複数の楽器を選択している場合はそれぞれ含む）

これは一般的な傾向であろう。地域によってそれぞれの楽器人口が異なる場合もあるだろうし、学校区内居住の専門家の有無も関係することもあるだろう。この調査だけでは判断できないが、単純に一つの楽器として体験させたのか、邦楽の種目や分野の立場でその楽器を‖教えたのか、時間の経過とともに総論賛成、各論いろいろの場面が見られるようである。過日、三味線10挺を使って演奏した学校へ伺った。全員がバチ先を使った弱音で、かすめばち風に弾いていた。初めて弾かせる三味線の奏法は、どうしたものか考えさせられた。地歌風というべきか？

この調査では箏が極めて多い。様々な角度から検討すると最も導入しやすい楽器であるともいえる。これまでの繰り返しで恐縮だが、要は箏を‖教えるのか箏で‖教えるのか、ということとも密接に関連している。箏を使用した学校数が多く比率が高いからといって、やはり箏だ！　ということにはならないだろう。欲張った言い方をすれば、質的にどのように扱ったのかがより大切であると思うからである。

なお、この調査結果について、皆さんのご意見を是非お聞かせください。

［留意事項］

（1）で、必修教科という用語を使っている。当会が考える邦楽教育は、その〃必修としての音楽科〟における和楽器の扱いに重点を置いている。従って、選択音楽、クラブ・部活動、総合的な学習などにおけるそれとは考え方も若干異なるので、ご留意を。

中学校の和楽器必修告示は平成10年、実施は平成14年。この空白期間に必要な環境整備がどの程度なされたのだろうか？　不十分な況を検証することもなく、実施初年に突然、実態調査を行った行政の神経を疑わざるを得ない。当時は、民間のボランティア活動が盛んに行われていた。筆者も相応に各学校への楽器無料貸し出しや体験授業などに関わってきた。調査の結果に、これらのことが勘案されていたとは思われない。信用に値する数値ではないように感じている。

【第84号平成15年5月】

「表現」「鑑賞」を分担し、協力できたら…

「表現」と「鑑賞」は音楽教育の二大領域。「表現」には歌唱、器楽、創作の三分野がある。それぞれの場で教師と専門家がそれぞれの立場で直接または間接に協力し、どういう場面で、どのように和楽器を活用するか、できるかを考え、話し合い、協力し実践できたら…と思う。

1「表現」は、主に教師が…

(1)歌唱（曲種に応じた発声）と和楽器

小学校高学年～中学校の歌唱の中心は合唱である。和楽器は、伴奏・BGM・副旋律・装飾旋律など、あるいは合いの手・手事風の扱い、また、合唱・和楽器・合唱・和楽器と琵琶のように交互奏的に演奏することもできるだろう。

特に留意したいことは、学習指導要領に示されている〝曲種に応じた発声〟である。歌唱でこれを実践できたらすばらしいことであり、本来の方向として理想的である。だが合唱は従来通り、わらべうたや民謡はそれなりに、他の邦楽で〝うたう〟場合もそれなりにっ…、ということがどこまでできるのか、難題であるう。

発声も和楽器も、専門家から適切な助言をいただき、工夫によって新しい演奏形態を生み出すことができたら申し分ないのだが…。

(2)器楽と和楽器

和楽器を取り入れた器楽合奏に取り組んでいる事例を見聞する機会は増えた。だが、まだまだ少数派である。しかし、その必要性を強く感じ、「できることなら、具体的に指導したい。」と意欲的に考えている教師は相当な数に上るだろう。しかし、今ほとんどの学校には肝心の和楽器が必要な数だけ揃っていない。授業時数削減で関連の授業を確保することも限界がある。そして何よりも演奏体験が少なく、指導できる自信のない教師も多い。意欲的な教師は、機会があれば地域の専門家にお願いすることも起こってくる。

1クラスの人数分の楽器を用意し、門下の方々共々、1~2時間の体験授業で成果を挙げられた会員も多いだろう。「さくらさくら」を弾かせた、子どもたちは喜びの感想文を書いてくれた、メディアも取り上げてくれた…。このこと自体、誠に喜ばしい限りなのだが、それでオシマイ! になってはいないだろうか。継続されているのだろうか。教師はどのように対処し、これからどうしようと考えているのだろうか? 邦楽関係の実力者が登場し、すべてが一方通行で終ってしまったという事例もあると聞く。その後どうするかがより大きな課題である。

（3）創作と和楽器

一般的には箏が多用されているようだ。グループ学習で旋律創作や小アンサンブルの曲を創出するなど多様な実践報告も届いている。「表現」領域は和楽器だけを教える場ではない。西洋音楽についての指導内容も山ほどある。教育は継続を必要とする営みであり、年間計画に従って、本来的には教師自身が指導者でなければならない。今の段階では専門家のお世話になるが、将来的には教師が主体的に活動できるように、〝なにをどうする〟を可能な限り探求し、明らかにしなければならない。長期的展望に立って、邦楽専門家には、その具体的な教え方を仔細に教授していただきたいと思う。

2 「鑑賞」は主に専門家

すべての鑑賞指導を〝生演奏〟で進められたら、理想的、効果的であることはいうまでもない。おそらく音楽教師の大半が、ピアノをはじめ声楽、管・弦楽器などで〝自らの生演奏〟を子どもたちに与えていることだろう。合唱、オーケストラ、バレエ音楽など多人数、大編成の西洋音楽の曲になると、教師一人では対応できないので、ＣＤ・ＬＤ・ビデオなどを活用することになる。

近年、専門家から邦楽の個人レッスンを受ける音楽教師も増えているようであり、芸名取得者も現れている。その教師たちはおそらく和楽器による生演奏を子どもたちに披露し、教育効果を高めていると思われる。

しかし、それも少数派であろう。

幸いなことにゲストティーチャー（外部講師）として専門家を学校に招聘できる態勢が地域差はあるだろうが整っている。この機会こそ演奏家、専門家の出番である。残念ながら相応の謝礼は期待できないが、「生の良い音、良い音楽」を提供していただける好機である。

このことと二本立てで同時進行ができるよう、本会は、本年度の主要事業として別項のような〝会員による自主活動〟を行うこととした。地域の草の根運動として〝生の音〟を直接子どもたちに届けたい、という願いが込められている。従来も諸経費はほとんどの場合、会員の自己負担になっている。その会員負担分を少しでも軽減したいと考え、若干の費用を本年度予算に計上した。教師との連携を深め、幅広い鑑賞指導ができるよう、積極的に予算を活用していただけたら幸である。

【第85号　平成15年7月】

和楽器必修　急がれる教育現場の充実（拙稿）　朝日新聞　私の視点（平成15年7月5日）掲載

中学校における和楽器の必修が2年目になった。今年からは高校でも実施されている。音楽教師志望者の必修項目にもなった。明治以来、傍流に置かれ続けてきた和楽器の復権が進んでいることは、その必要を訴え続けてきた人間としては限りなくありがたく思う。

しかし、教育現場の実情は、決して単純に喜べる状況にはない。小中学校の大半は吹奏楽器一式をそろえているが、和楽器一式を揃えている学校はほとんど存在しない。予算がない、楽器がない、教える人がいない、指導のソフトもない、という状況が続いている。音とリズムだけなら太鼓で足りるが、旋律まで考えるならば箏が望ましい。グループ学習をするとして、30人学級であれば、最低5面（5セット）の箏が欲しい。だが、価格面から考えると、個々の学校にそろえることは難しい。地域の教育委員会などがプールし、それを回して利用していくといった措置が必要だろう。

邦楽と西洋音楽では音素材そのものに違いがある。ピアノの音は、歌舞伎座で使い物にならないし、三味線で西洋音楽を…と思っても、うまくはいかない。

新しい音素材については、新しい指導要領が必要なのだが、その作業は進んでいない。中学校学習指導要領の記述も「和楽器については、3学年を通じて1種類以上の楽器を用いること」とあるだけだ。一日も早く、指導要領の内容も充実させていただきたい。

伝統文化尊重の時流に乗って、関係機関や民間団体は多様で具体的な取り組みを見せているところもあるが、行政の取り組みには　「民間におんぶにだっこ」の色彩が強い。和楽器活用への協力を申し出るボランティアは多いのだが、全国3万5千校の邦楽教育を、ボランティア頼みで進めていけるものではない。

今回の学習指導要領改訂は、和楽器という名の日本の音が、明治以来の音楽教育史上初めて、西洋の音と等価値の基礎・基本の柱として認知された歴史的大改革である。行政はそのことの重さを意識して、十分な対応をしていただきたい。

大学の教員養成は大丈夫なのか、現職の教員研修は十分なのか、子どもたちへの和楽器活用の音楽教育はどうなっていくのか？

早急に、主体的で、具体的な取り組みが進められることを期待している。

【第91号　平成16年7月】

うた・声を聴かせてあげて

平成13年度までの学習指導要領には、うたや声について次のような「　」の文言があり、文部科学省の指導書にはその解説が掲載されている。

○小学校「豊かな響きの頭声的発声で歌うこと」

音楽的にも一層充実した表現ができるように、豊かな響きの頭声的発声を求めていきたい。（解説）

○中学校「豊かな響きをもった歌声」

歌唱表現の基本である歌声が豊かな響きをもっていること…。（解説）

このことについての具体例は、ＮＨＫが毎年行っている全国合唱コンクールにみられ、テレビ・ラジオでも放送されているのでご存知の方も多いのではないかと思う。

飛躍した言い方をすれば、いわゆるクラシック音楽の声楽における声や発声法に連なる指導法であるともいえる。もちろん、普通授業での歌唱指導もこれを踏襲している教師は圧倒的に多く、この流れは現在も全国的に普及している。多くの教師はその指導法の研究に意を注ぎ、研究会はいつでもどこでも盛況であり、当然のこととして定着している。合唱の神様と称される知人の教育実績はケタハズレであった。毎年のコンクール連続制覇はとどまるところを知らず、数百人の子どもたちによる全校合唱などは、オーバーかも知れないが、ベートーベンの「第九」の合唱部分を想起させる、といっても決して過言ではなかったように思う。すべての音楽関係者に一度は聴いてほしかったと、今でも考えている。

平成14年度から実施されている現行の学習指導要領には、前述の箇所が次のような文言となり、解説もされている。

・小学校「自然で無理のない声…」

児童一人一人の声の持ち味を生かしつつも(中略)児童の声帯に無理のかからない歌い方を重視することであり、従来の頭声的発声で求めてきた歌い方と大きく異なるものではない。しかし、これまで頭声的発声を特定の発声法と受け止めて指導する状況もみられたことから、今回の改訂では、児童がより美しい歌唱表現を求め、伸び伸びした発声で歌う活動を通して、曲想に合った自然な歌い方を工夫し、無理のない声づくりを進めていくことの重要性を強調した。(傍点は筆者)

・中学校「曲種に応じた発声…」

「曲種」とは音楽の種類のことであるが、その場合、特に時代・地域に基づく特徴や様式による違いをとらえることが重要である。(中略)歌唱の幅広い学習活動を行うためには、発声の方法が常に一律ではないという認識をもつことが必要である。(中略)本来の持ち味がより的確に表現できる発声に気付かせることが大切であり、決して何通りもの発声の技能を身に付けさせることを求めているのではない。(中略)曲種に応じて生徒自身がよりふさわしいと感じる声の出し方や音色で歌うことを尊重したい。

こうして比較してみると、大筋で方向性に変化はないようだが、考え方としては内容的な幅が広がったといえる。しかし、小学校の傍点の箇所を重視した場合、「これまで通りでいいのだ」という考え方も成り立つのであって、積極的にこれらの事項に取り組むことを求めているともいえない。現在、このことについての取り組みが実際に各学校で行われ実践されているとも考えられない。

声楽部分が主体である邦楽各種日の生演奏を実際に鑑賞したことがある教師はどれくらいいるのだろうか？　仮に鑑賞したことがあったとしても、それに対する自分自身の考えをまとめ、計画的に指導の内容や方法まで案出した場合は稀なのではないかと思う。何よりも可能な限り、他種日の生演奏に接してほしいものである。そして、今行われている合唱音楽と比較し、相違点などを発見、理解した上で、歌唱指導の未来像を考えてほしいと思う。実際問題としては、和楽器以上に難解な問題であるともいえる。

会員各位にお願いしたい。学校との接点が少しずつ増える傾向にあることは喜ばしいのだが、教師はもちろんのこと、子どもたちに対しても、「声」「うた」「語り」などを短時間でもいいから実際に演奏し聴かせてあげてほしい。声楽部分が邦楽には欠かせない存在である、ということを知ってもらう初歩的な営みも必要である。これまでは和楽器だけに焦点が当てられていたが、これからは是非、生の声も同時進行…でありたいものである。数は少ないが、民話などの題材に基づく作品の演奏も行われている。いきなり、民謡や邦楽の声楽部分をうたったりすることは、抵抗もあろうかと思う。親しみある民話や子供向けの物語を、和楽器と共に自然に感得できる作品の出現も待ち遠しい。特に、三味線音楽や琵琶楽などに関係される方々による、子供向け新作の創出にも期待したいものである。

【第92号 平成16年9月】
まず、その音に関心をもたせよう

「時数削減、和楽器不足にどう対応したらよいのか?」「ナニをどのように教えるのか?」「ナニをどの程度まで教えるのか?」などが、学校現場で大きな課題になっている。「やらなければ……」「教えなければ…」と考える教師が漸増しているからであろう。一面、一梃、一管あるいは複数の楽器は確保できたとか、初歩的な楽器の演奏方法は「わかった」という先生方が増えてきた。しかし、それをどのように活用して今後に対処すればよいのか、となると一様に考え込んでしまう場合も多い。楽器購入予算が十分に確保され、学習環境が整備される見通しが立てばよいが、残念ながら現状では事態好転の兆しが見えない。

学習指導要領は〝基礎・基本の重視〟という。和楽器・邦楽における〝基礎・基本〟とは何だろう？　今の段階では、和楽器が発する生の音を味わわせることであると思う。一音成仏、一期一会に連なるものであるから…。良質の楽器はほしいが品質の良否を言っている場合ではない。用意できる楽器の〝その音〟に浸らせることが第一歩であろう。一面、一梃、一管でもそれは可能であり、自国の音に気付き諸外国の音との違いについて実感できることも可能だ。まず一音！　続いてやさしい奏法で、弱音でそして強音で、やがては短い旋律やリズムで…。この初歩的な活動を通して、〝その音〟の存在を意識化し関心を抱かせることへ進むことができるようになる。これこそが第一の指導目標ではないだろうか。この活動の有無によってその後の展開が決まる。無ならばそれ以降も無、有ならば様々な可能性が見え、展望が開けてくるであろう。関心の度合いが高まるに連れて、それは当然のように「やってみたい！」という意欲へと進展する。それ以降の展開は学習環境の整備と教師の熱意がカギを握ることになる。

先生方はそのために早急に最小限必要な知識と技能を習得することが望まれる。箏・三味線では調弦に関すること、笛・尺八では長さの異なる楽器の選択に関すること、可能な限りの各楽器の発音技能・演奏法、楽譜と五線譜との関係などなど…。研修時間の確保が制約されているとしても30分以上はほしい。そこで得た発音方法についての情報を子どもたちに教えるのではなく、伝えるだけでもいい。子どもたちはそれで音を創出し、音・楽しむ活動に取り組むであろう。授業時間にこだわることはない。教室の片隅でも廊下でもよいから常置し、自由に遊ばせよう。「いい音はどうやったらいいか考えてごらん」と条件を付してもいい。

自由な体験を通し、考え工夫するであろう。場合によっては教師以上の実力者になることもあるだろう。その度に先生は拍手を送ればよい。教師に与えられた課題は、子どもたちが自主的自発的に音に親しむことができる環境を設定することである。弦楽器では容易に旋律奏や和音奏などができる調弦の工夫であり、管楽器では他の楽器と合わせることのできる楽器の選択であり、打楽器ではリズム創作のヒントを与えることなどであろうかと思う。

【第94号　平成17年1月】
伝統文化教育振興法（仮称）の法制化を願う

新しい年を迎えたというのに、和楽器必修が名実ともに実感できるようになるのは、いつのことか？　予算措置を伴う強力な立法措置が必要であると思う。昭和40年代から施行されている理科教育振興法は、必要とする理科の設備や教員養成を国庫予算で措置することを明文化しており、その充足度は抜群である。

学習指導要領に和楽器必修と明記されたものの、不十分であることを多くの方々が実感されているはず…。教育界の動きは予想に反して歩みは極めて遅く、多くの方々は奉仕活動を余儀なくされている。奉仕活動をさせてください！　そのチャンスを与えてください！　ということが当会の目的ではなかった。

このような状況から、会の目的に添った活動を積極的に進めることは当然としても、同時により幅広い観点から新しい活動に取り組むことも必要なのではないか、と痛感している。つまり、和楽器や邦楽に焦点を当てるとともに、広く伝統文化全般に関わる活動を進めることも大切なのではないかということ。換言すれば、他分野の方々とともに、より幅広く太いパイプを作り上げて運動を進めることが必要なのではないか、ということである。その中で和楽器や邦楽の望ましい方向性を探り、充実した内容を作り上げ、納得のいく取り組みに従事することが、やがては好結果に結びつくのではないか、と。

次期学習指導要領改訂に向けた取り組みが中教審を中心に進められている。今後の学校教育の一つの基軸として、伝統文化全般を位置づけることが必要であるように思う。国語、社会、美術、音楽、家庭などの各教科及び総合的な学習の場で、それぞれが衣食住、心技体との関連事項を取り上げ、互いに連携を保ちながら指導の内容や方法を生み出すことが求められていると思われるからである。

この際、伝統文化全般にわたって関心をお持ちの方々、関わりのある方々に、〝伝統文化教育振興法の法制化を！〟と積極的に呼びかけることも有意義ではないかと思うのだがいかがであろうか？　当会の直接的な目的からは飛躍し、逸脱する方向であるとも考えられるが、より大きな流れによって望ましい方向が具体化されるかもしれない、と思う。停滞気味な現状を打開し望ましい方向へと転換する上にも効果的であるのではないかと考える次第である。忌憚のないご意見をぜひお寄せいただきたい。

【第95号　平成17年3月】
「和文化教育研究交流協会」に期待する

和文化教育研究交流協会が設立されることになった。この会は、兵車教育大学教授の有志によって発足した「和文化教育研究会」が母体となっている。会の目的は「わが国の生活文化、地域文化、伝統文化などを含む和文化の振興を図り、文化創造としての和文化教育の普及と発展に寄与すること」とあり、対象分野は次のように広範囲にわたっている。

儀式関係(年中行事・礼儀作法など)、衣服関係(染織・和装など)、食事関係(和食材・伝統食など)、建築関係(社寺・住まいなど)、道具関係(家具・農工具など)、算術(算法・算盤など)、遊戯関係(囲碁将棋・玩具など)、文芸関係(和歌・民話など)、話芸関係(落語・講談など)、工芸関係(漆陶芸・木金工など)、園芸関係(和花・盆栽など)、絵画・版画関係(水墨画・浮世絵など)、芸能関係(雅楽・能楽・文楽・歌舞伎など)、邦楽関係(箏・三味線・尺八・琵琶・民謡など)、邦舞関係(日舞・上方舞など)、芸道関係(茶道・華道・書道など)、武道関係(相撲・柔剣道・居合道など)。

前号では邦楽はもちろん、伝統文化全般を対象とした教育振興を図ることが必要なのではないか、そのための法制化を…、とする拙稿を掲載した。伝統文化と和文化とはほぼ同意義ではないかと思うが、以前から伝統文化を主軸の一つとした学校教育を…と考えてきた者にとっては、わが意を得た思いもする。ともに活動できる環境を作り上げることに全く異存はなく、全面的に賛意を表したい。

現在、邦楽・音楽教育に関する社会的な地位や関心は残念ながら極めて低い。以前はクラシック音楽絶対論も唱えられたが、今では全世界のさまざまな音楽をオンガクとして考える方向が定着している。和楽器も邦楽だけに限定すること無く、諸外国の楽器や様式の異なるオンガクとの共演・競演も行われている。今後とも直接的には邦楽教育を重視するが、同時に伝統文化、和文化という太いパイプの中で、広範囲にわたる多面的総合的な学習活動を展開することも重要ではないかと思う。

和文化教育…の流れはおそらく今後広がりをみせるのではないかと考え、大きいな期待を寄せている。

※平成25年、同会は「和文化教育学会」と改称し、更なる展開に向かっている。

【第96号　平成17年5月】

新教科「伝統・文化」が生まれる？

読売新聞（平成17・4・21）

記事によると、東京都教育委員会が都立高校全201校を対象に新教科として、日本とは何か！　に迫る「日本の伝統・文化（仮称）」の導入を検討している、という。平成19年度から実施予定で、今春にも時数・日程なども含め具体策に着手するとか。「芸術・芸能」「生活」「精神」に分類する案もあるという。

「芸術・芸能」では能・狂言、和歌、俳句などの体験や歴史的な背景・価値についても…。「生活」では郷土料理や地域の祭り、「精神」では茶道・華道のほか剣道・柔道も含むとされ、わび、さびにも触れるのだという。

高校だけではなく、平成20年度からは、公立小中学校にも、日本文化にちなんだ学習プログラムを広める方針で、一貫した教育システムの確立を日指す、と。

別に、日本文化に理解を深めるための「推進校」を、都立高校・小中、盲・ろう・養護学校より指定し、和太鼓や民謡を音楽の授業やクラブ活動に取り入れ、その成果を実例集にまとめるとのこと。今後の動きに注日したい。

【第97号　平成17年7月】

日本の伝統・文化理解教育推進校

都教委は、幼1、小29、中16、高10、盲・ろう・養護4の計60校を設置し、インターネットでも公開しているので、前文の一部を転載する。

期間は、平成17年4月1日から平成19年3月31日の2年間。推進校は、地域や学校の実態に応じて、高校は次の1～4の内容、その他の学校では2～4の内容からそれぞれ選択し、実践研究を行うことになっている。

1　日本の伝統・文化理解にかかわる学校設定の教科・科目にかかわる研究開発。

2　教育課程に位置付けた日本の伝統・文化理解教育に関する組織的・計画的な進め方についての研究開発。

（1）各教科等の内容を総合的・横断的に関連付けた全体計画や指導計画の作成。

（2）具体的な指導内容や指導方法及び教材についての研究開発。

（3）その他

3　外部の人材や地域の教育資源等を有効に活用した日本の伝統・文化理解教育の進め方にかかわる研究開

発。

４　学校教育の場を通して、児童・生徒が日本の伝統・文化について学ぶ機会を充実し、理解を深めるための指導方法等についての研究開発。

各学校の研究主題に、文字通り〃日本の伝統・文化〃が明記されていることは当然である。しかし、特徴的な取組予定を見ると、邦楽・和楽器関連の内容が多く目に付く。これは我田引水風解釈だが、学習指導要領改訂前後から特に小学校を中心に、これらの教育活動が進められてきたことと関係があるように感じられる。都小学校音楽教育研究会には、合唱・器楽合奏・指揮法などの自主的研究サークルがあり、平成９年には、邦楽教育研究会が全国に先駆けて新設された。平成11年の全日本音楽教育研究大会東京大会では、公開研究授業と研究演奏が全国の音楽教育界に披露されている。以来、継続的に授業実践研究を行っており、他の分野よりは一歩先んじているように思われる。

今後、都教委の動きに呼応して推進校がどのような実績を上げるか楽しみである。伝承的な場面や発展的な教育活動への取組が同時進行で展開することも考えられる。やがて、この動きが、都内全域から広く全国に波及することを期待している。

これまでも折々に触れてきたが、当会の立場としては、直接的には和楽器発の音楽教育を注視し、関心を寄せることは当然である。

しかし、世の中の動向が日本の伝統・文化全般に及んでいることにも常に配慮する必要があるように思う。

【第98号　平成17年9月】
『中央教育審議会　教育課程部会　芸術部会』　始動！

〃次期学習指導要領〃の改訂作業が急ピッチで進行している。従来通り、10年周期で改訂されるとすれば、完全実施は7年後の平成24年4月。22・23年度は移行期間になるから、告示は21年末(?)、中間発表は6月(?)頃かもしれない。この時点では最終案がほぼ固まった状態になっているので、原案は20年度中にまとめられる可能性がある。とすると実質的審議はあと3年余。和楽器・邦楽の命運は…？

7月と9月2日付〃文部科学省のホームページ→審議会情報→上記のタイトルとその内容〃には、音楽、美術、書道などと他の芸術分野から選定された上記部会の委員名が公表されている。いうまでもなく注目したいのは、和楽器・邦楽・音楽関係委員。初会合が7月29日、第二回は8月30日に行われている（内容は未公開）。以後、審議は急速に進むであろう。

学習指導要領改訂がすべての解決に直結しないこと、何の保障もないことは、これまでに十分味わってきた。しかし、それはそれとして、より具体的な内容は更に充実させ、実現できる目途が明確に打ち出されなければならない。

要望事項は次のようなことであろうか？

必修音楽の時数確保、小学校1年生からの和楽器必修、〝わらべうた〟から出発する小中一貫の系統的指導内容（和楽器・邦楽を含む）、従来の指導内容との均衡化と〝音楽科〟全体の調整、完全実施に向けた担保の確保、伝統文化・他教科との関連など。

優先課題が山積している。関係委員各位の格段のご尽力に期待したいものである。

日本教育新聞（9月5日付）には、会合の一部が掲載されていたので転載する。

・第1回会合

「芸術は生きる力を育てる根幹になるものだ」、「子どもの発想に立ち、生きる力の根幹としての芸術を考えたい。伝統的な音楽を共有することや、新しい音楽を作る活動も重視すべき」、「和楽器が導入されたことで、伝統的な音楽に関心を持つ中学生がふえている」「既成の作品をアレンジする力はあるが、ゼロから作る力が弱い。揺さぶられた心を形にする表現の教育がまだまだ不十分では」など。

・第２回
「創作などの指導が不十分。教員養成のあり方にも問題がある」、「知識・技能より感性や表現力の育成など、感じ方を育てることが中心的な課題」など。

芸術部会の動向は、音楽・邦楽界最大の関心事、今後のネット情報は必見である。

【第100号　平成18年1月】最終号
時数確保は和楽器で！　音楽教育どこへ行く？
～二つの課題解決も急務～

1　教員の養成・研修・研究

邦楽関連の指導は、昭和43年頃、一時的に全国で脚光を浴びた。しかしその後は失速状態で今日に至っている。改めて和楽器が注目された今、教育関係者にとってはゼロからスタートの重要課題であったはず。しかし残念ながらその後の経過は、散発的局地的に実践報告が行われる程度であり、研修・研究会は年中行事化しているようにさえ見える。

大学の教職課程における必修単位の内容はどうか？　洋楽系並の和楽器・邦楽関連の講座はあるのだろう

か？　実技中心や演奏家への丸投げでなければよいのだが？　関係者はどのように関わっているのだろうか？　自国の音楽教育学研究は進められているのだろうか？

教師は本来的に、音楽科教員免許状取得に要した時間・費用と同等な和楽器・邦楽体験を経なければならない。しかし実際問題としては不可能。としたらどのように対処したらよいか。教師は子どもたちと共に学び、楽しみ、創り出し、授業を通して実習し、研修することが今できる最良の方法であると思う。そのための具体的内容や指導法を提供することが研修会に求められていると考えるのである。単なる実技研修などだけでは不十分である。

心ある教師は、自費を投じて研修し楽器を購入して実践に取り組んでいる。一方、依然として和楽器体験ゼロの先生方も少なくない。その落差は拡大する一方だ。新指導要領実施から4年、受講者が変わるだけで果てしなく毎年繰り返される初心者研修。この際、関連する全予算を数年間、研修に充当したらどうだろう。音楽教育界のこれまでの輝かしい実績からすれば、従来型の洋楽系研修を行わなくても日常の教育活動は十分に実践できる。仮に全国規模で3年間、すべて和楽器・邦楽に関する研修を行ったとしたら成果は顕著に表れるであろう。民謡を含む全邦楽関係者から喝采を博し、時数確保にも有力なサポーターとなっていただけるかもしれない。

総力を挙げた早期の悉皆研修、全国一斉の実践研究について、行政・教育研究団体ともに勇断をもって対処していただきたいと念ずるのみである。

2　学習指導要領における和楽器・邦楽関連事項

（1）指導目標

〝音楽〟には、多種多様な音素材によって構成されるさまざまな様式や形態などがあることを意識化する。次の3分野に区分し、指導ではそれぞれを特定してもよい。

①　邦楽　和楽器関連の音素材（歌声も含む）を主音源とする音楽。

②　洋楽　従来のいわゆる西洋音楽。

③　第3の音楽（仮称）　①及び②以外の諸外国の音楽。

（2）指導内容（追加・検討事項）

①邦楽　〝わらべうた〟を出発点とし、日本古謡・民謡・地域芸能などの伝承音楽、舞台作品・近現代の創作作品などと音楽。

②洋楽　従来通りでよいが、特定の領域に偏らない配慮が必要。

③第3の音楽（仮称）↓教師及び学習環境の実情により、従来通りでよい。

（3）内容の取扱いに関する事項

小中９年間の指導計画は、前記３分野の均衡と系統性に十分配慮すること。地域の実情により、計画的段階的に実施することが望ましい。

①和楽器は奏法上の難易度・価格及び普及度・借用の可否・購入方法などを考慮し、太鼓各種・13弦箏・三味線・篠笛及び各地域特有の楽器を優先的に扱う。教師及び学習環境の実情によっては、十七弦箏・少数弦・尺八・琵琶・横笛なども積極的に取り上げる。

②邦楽は、和楽器文化の中心に据え、一般邦楽のほか、各地域特有の芸能や各種舞台芸能とその音楽も取り上げる。

③和楽器の整備については、洋楽器と同等になるよう年次計画により配慮する。

（４）和楽器・邦楽の具体的指導事例

①　**小１から和楽器は必修**とし、その活用を図る。

・目標　音色への関心、意欲、態度の向上、他の音素材との比較などや唱歌・奏法・奏法譜に慣れる、理解するなど。

・内容　旋律奏・リズム奏・歌唱合唱奏・簡易合奏、など。

②他の音素材や音楽との共通点・類似点、・相違点・特徴などを知り、理解するなど。

③教材は、わらべうた・子もり歌・民謡・地域の芸能とその音楽、和楽器・邦楽作品など。

④テトラコルドなどの音組織についても理解し、特に創作などで活用すること。

○授業時数確保の切り札は和楽器・邦楽！

○改革なくして明日はなし？

○先導者不在？　音楽教育は何処へ？

会報「日本の音を子どもたちに」は、諸般の事情により、今100号をもって終刊とさせていただきます。

これまで継続できましたことは一重に皆様方のご支援とご協力の賜物です。

心から厚くお礼申し上げます。誠にありがとうございました。

完

4「NPO法人邦楽教育振興会」への移行、解散

平成10年、中学校の「和楽器必修」実現に伴い、同年施行の「特定非営利活動法人法」による新団体の適用をうけるべく手続き開始、11年には認証を受けた。唯一の専門団体と自負し、改めて〝邦楽教育110番〟を掲げ、順風満帆の再出発を果たした。

会員数は千名を超え、前述の指導資料希望者・希望校が増え、数十冊単位での要望に無償で応じたことも複数回であった。楽器貸与事業は極限に達した。ただ一か所だけであったが、公立某県教育センターへは、箏10面を無償で提供した。新聞記事に「中古楽器の提供を」と掲載されたことから、東京近辺からの寄贈申し込みが多数あり、東京近辺は、自家用車を駆使して引き取りに参上したことも30回以上。大半が箏であったが半数以上は弦（糸）の張替えが必至であった。使用済みの箏糸を会員の楽器店より無償で譲り受け、自力ですべてを張り替えた。

（3）の山川基金和楽器貸与事業による都内・近県の対象校への楽器搬出入は、すべて自力で対応したが、学校側からの弦（糸）交換に対しても全て無償で即応した。

当然のことながら、個人的活動に対しては、限界を感じることも日常化するようになっていた。

行政からは、白眼視されているとも感じ、立腹状態に陥ることも度々であった。解散が脳裏を去来する日々が続いた。

・学習指導要領改訂により宿願は大きな一歩を踏み出した。
・小中学校への和楽器導入は加速度的に展開した。
・楽器貸与校へは可能な限り参上し、楽器や授業に関する相談にも応じた。
・やがては、全国津々浦々の小中学校から日本の音が響き渡る素地は確保できた。
・各地からの実践報告が届き始め、楽器に対する需要も高まってきた。
・一ＮＰＯ団体が全国的な各種の要望に対応できる限界はすでに超えた。
・個々の会員に、お礼を申し上げることはできても、具体的な果実はお返しできない。

学習指導要領改訂運動を開始以来19年。教育基本法の伝統・文化尊重を背にした行政の実効ある施策の実施に期待しよう。

平成18年3月、活動を閉じた。

II　学習指導要領（和楽器関連）の推移

（傍点は筆者）

「学校教育に和楽器を！」と、学習指導要領改訂運動に取り掛かったのが昭和62年夏。翌昭和63年に邦楽推進会設立。本格的な全国的署名運動、中島文部大臣への陳情、音議連の後援による文部省担当官との面談などを経た結果と思われる、左記の改訂学習指導要領が告示された。それから約10年ごとに、その内容には変化が見られるようになった。

◎平成元年3月告示（実施は小学校平成4年度、中学校は平成5年度）

○小学校　楽器

第5・第6学年で取り挙げる旋律楽器は、既習の楽器を含めて管・弦・打・電子楽器、和楽器及び諸外国の民族楽器などの中から学校の実情に応じて選択すること。

○中学校　器楽

指導上の必要に応じて、弦・管・打・鍵盤・電子・和楽器などを適宜用いること。

◎平成10年12月告示（実施は小・中学校平成14年度）

○小学校　楽器

・全学年　打楽器（和太鼓を含む）

・第5、第6学年で取り挙げる旋律楽器は、既習の楽器を含めて電子楽器、我が国に伝わる楽器などの中から児童の実態に応じて選択すること。

○中学校　器楽

和楽器については、3学年間を通じて1種類以上の楽器を用いること。［必修］

◎平成20年3月告示（実施は小学校平成23年度、中学校は平成24年度）

○小学校　使用できる楽器

・全学年　打楽器（和太鼓を含む）

・第5、第6学年で取り挙げる旋律楽器は、既習の楽器を含めて電子楽器、和楽器、諸外国に伝わる楽器などの中から学校や児童の実態を考慮して選択すること。

○中学校　器楽

和楽器の指導については、３学年間を通じて１種類以上の楽器の表現活動を通して、生徒が我が国や郷土の伝統音楽のよさを味わうことができるよう工夫すること。

◎平成29年3月告示（実施は小学校平成30年度、中学校は平成30・令和元年度）

○小学校　使用できる楽器

・全学年　打楽器（和太鼓を含む）

・第３、第４学年で取り挙げる旋律楽器は、既習の楽器を含めて電子楽器、和楽器…などの中から児童や学校の実態を考慮して選択すること。（第５、第６学年は既出）

○中学校　器楽

３学年間を通じて１種類以上の和楽器を取り扱い、その表現活動を通して、生徒が我が国や郷土の伝統音楽のよさを味わい、愛着をもつことができるよう工夫すること。

◎しかし、なぜ？

・小学校第１学年、第２学年には、オルガン・鍵盤ハーモニカが、第３学年にはリコーダーが必修なのか？

それが適正であるという話は耳にしたことが無い。

・小学校第1学年、第2学年に和楽器は不適なのか?
・芸事初めは古来、6歳の6月6日とされてきたのだが…? 世阿弥の「風姿花伝」にもあるのだが…?

【今後の予想】 従来通り約10年毎に改訂されるとしたら…。

◎令和9年ごろ
○小学校 使用できる楽器
・全学年 打楽器 (和太鼓を含む)
・第1、第2学年で取り上げる旋律楽器は、既習の楽器を含めて電子楽器、和楽器などの中から児童や学校の実態を考慮して選択すること。(ようやく低学年に旋律楽器登場!)

◎令和19年ごろ
○小学校 使用できる楽器
・全学年 打楽器 (和太鼓を含む)
・和楽器の旋律楽器については、6学年間を通じて1種類以上の楽器を用いること。**[必修]**

（和楽器必修が中学校で実現以来約40年、ようやく小学校全学年でそれが実現!?）

Ⅲ　インタビュー・投稿など

1　世界に通用する日本の音楽で和の音を　「週刊教育資料」（教育公論社　平成27年12月）

平成27年12月7日(月)通巻1497号　昭和47年12月11日第3種郵便物認可 毎週月曜日発行(第５月曜日休刊)

週刊 教育資料

2015年12月7日号
No.1367
EDUCATIONAL PUBLIC OPINION
http://www.kyoiku-shiryo.co.jp

〉〉〉好評連載

- 校長講話【天体観測・発明への関心を高める】小川深雪／東京都文京区立林町小学校校長
- 教育問題法律相談【体罰について】角南和子／弁護士
- 特別企画【理科、生活・総合、幼児教育、高校地歴・公民で初会合】

▼資料①【公立学校施設における木材利用状況に関する調査結果（概要）】
②【教育再生実行会議「新たな検討課題」ほか】

▼マイオピニオン【「島流しの地」でマスターした伝家の宝刀】
◎二宮清純／スポーツジャーナリスト

▼グローバル教育を考える【大陸を超えて～落花生の涙】
◎石川薫／学校法人川村学園理事、川村学園女子大学特任教授

▼潮流【世界に通用する日本の音楽で和の音を】
◎茅原芳男／和楽器指導研究家㊤

茅原芳男

ちはら・よしお◉ 1929年生まれ。新潟市出身。新潟市の中学校、東京都の小学校で音楽教師として、子ども邦楽合奏団などを指導。ＮＰＯ法人邦楽教育振興会などで、和楽器の活用を学習指導要領に明記する活動を進めた。1973年に、小学校における日本の音楽の鑑賞指導で文部大臣賞、和楽器による表現指導で読売教育賞、1996年に伝統文化教育部門で博報賞。最近の著作物に「和楽器発！音楽授業へのヒント」（牧歌舎）、2015年3月に「国境のない和楽器譜」、7月に「箏　授業もはじける調弦法」（家庭音楽会）を編集。

潮流

潮流◆題字奥野誠亮

和楽器指導研究家
茅原芳男氏に聞く㊤

世界に通用する日本の音楽で和の音を

和楽器の指導に悩む学校現場。しかし、「日本の音」の教育として広く捉えて、その感性を育てることが学校教育の役割では、と指摘する。

ないものづくしの現場

――音楽の教員として邦楽分野の指導に関わったのはいつ頃からでしょうか。

現在は、学習指導要領にも和楽器の指導などが扱われていますが、私が音楽教師として東京都の小学校で邦楽（日本の音）の指導に関わることになったのは、昭和43年（1968）に東京都立教育研究所（当時）の教員研究生になって1年間、邦楽について勉強したのがきっかけでした。研究してみると、子供に和楽器を少し触らせればよいという程度では、とても邦楽の奥深さや広がりを理解できないことに気づきました。

――50年近く、邦楽の指導の研究や実践をされてきて、現状をどう見ていますか。

とにかく、当時は、参考になる実践も資料も何もありませんでしたので、まさに手探り状態で、楽器も指導者もない「ないものづくし」の状態でした。そこで箏など和楽器の師匠について一から勉強しました。

今でこそ、中学校では音楽科で和楽器の指導を必修にしていますが、残念ながら、現在でも必修にふさわしい和楽器の整備や指導教材・指導者の養成・研修などが追いついていないのが現状です。外国語活動・英語や道徳などは教材整備なども充実してい

週刊教育資料　●潮流●　No.1367◆2015年12月7日号

ますが、音楽に関しては不十分と言えます。

一方で、邦楽界には流派の問題があり、楽譜や指導法などもバラバラです。中学校の音楽の教科書に和楽器の楽譜（奏法譜）にあたるものが掲載されていますが、流派が異なると表記の仕方も違うなど、一般性がないので、指導しにくいという問題があります。私は、邦楽というより「日本の音楽」として、世界に通用するものにするためには、流派を超えた教材を作成することが不可欠ではないかと思います。

――五線譜だけでなく、算用数字譜なども加えた楽譜集を作成されてこられたのはどうしてでしょうか。

今年の3月に「おもてなしに和の音も―国境のない和楽器譜!?」という楽譜を編集しました。三味線、箏、尺八、篠笛の四つの和楽器で教科書関連教材の20曲（かごめかごめ、越天楽今様、さくらさくら、日の丸、ふるさとなど童歌や古謡、民謡、文部省唱歌など）の奏法が分かるように、五線譜と併記で運指なども数字で分かる「数字譜」（タブラチュア）を載せています。外国の人も含めて、和楽器に関心のある国内外の初心者や学校の先生向けに、公正・中立、普遍性、客観性、系統性と即効性などに配慮したものです。4種類の和楽器による同時演奏もできるようにしています。

明日の授業でもすぐに役立ちますし、数字が中心の楽譜ですので、読譜の苦労もなく、五線譜の「おたまじゃくし」が読めない人でも、楽しく簡単に演奏できるのが特徴です。特に算用数字は万国共通ですので、特定の流派によらずに、外国の人や初心者が和楽器の演奏を覚えるのに向いていると思います。音の出し方と数字の関係さえ分かれば、誰でも演奏できます。幸いなことに、和楽器の指導をしている学校現場などでも「分かりやすい」ということで、活用していただいています。

和の音に注目を

――さきほど邦楽について「日本の音」という表現をされましたが、どういう意味でしょうか。

学習指導要領には「和楽器」という言葉はありますが、それが、邦楽そのものを指すわけではありませんし、民謡や長唄という言葉が出てきたからといって、それだけを指導するというものでもありません。つまり、民謡や長唄はあくまで例示であって、西洋の歌い方とは異なる日本の歌い方や発声法、語り方などを知ることがポイントなのです。

洋楽も含めて音楽のベースにあるものは音です。この音は、国や地方によっても異なります。中国やインドに独特の音があるように、日本の音楽も、日本の音という基本があります。そのことを理解して、学校などでも指導していくことが重要であって、各種の邦楽そのものを指導するのではないことを理解する必要があります。

――外部の演奏家などに指導してもらうケースも多いですね。

和楽器に触れたり、音を出してみたりする体験としては、外部の指導者に協力してもらうことも大切ですが、日本の音の教育として見た場合に、どのような知識・理解や技能、さらに態度が生まれるかなど、教育という視点から、その効果を評価する視点が重要になってきます。

――先ほど、学習指導要領の表記の問題が出ましたが、日本の音楽や音の扱いはどうなっているのですか。

一般的社会では邦楽という用語が定着していますが、学習指導要領の中では、用語も変化しています。最初は、「日本音楽」でしたが、昭和43年の改訂では「日本の音楽」と「の」が入りました。現在は「我が国や郷土の音楽（小）・伝統音楽（中）」という表記になっています。現在、次の改訂に向

5

けての議論も行われていますが、「伝統音楽」という用語には困っています。文化庁なども伝統音楽普及事業を行っていますし、平成13年の文化芸術振興基本法では、付帯決議の中に「古典邦楽」という用語も使われています。

　つまり、公的な文書の中でも、昔から表記が一貫しているわけではないのです。このうち文化庁は「伝統音楽」について「江戸時代までに確立して現在に伝わるもの」としていますが、明治時代以降に新しく確立した楽器や邦楽などは、伝統音楽には入らないのかという疑問も出てきます。このように「伝統音楽」の定義について混乱した現状がある以上、安易に使わない方がよいのではないかと考えています。

　ですから、日本の伝統ということで言えば、音楽だけを焦点化するのでなく、日本的な「音」が伝わってきたと考えて、「日本の音」として広く理解してはどうかと思っています。

日本の音への感性を育てる

――そうすると、学校ではどのような指導が必要になってきますか。

　ですから、学校教育（義務教育）が果たす役割は、日本の音に関する感性を育てること、その日本の音にはどんなものがあるかを知ること、にあるのではないかと考えています。このことを共通の土台にして、それ以上に和楽器演奏や民謡などに興味がある子供には、さらに深く学べる機会を作るようにしては、と思います。

　そのためにも、しっかりとした共通の教材を用意することがポイントになると思います。その上で、学校の実情を踏まえてカリキュラムを作るようにすべきでしょう。

――先ほどの手作りの楽譜づくりも、学校現場などで使いやすい教材となりそうです。

　最近は、日本の若い人たちや外国の人たちの中でも、三味線など、日本の楽器への注目が高まっています。三味線の場合は三線譜という五線譜のように横書きの楽譜も普及していますので、箏、尺八、篠笛などの数字譜と組み合わせて、横書きの統一した楽譜があれば、使いやすいものになると思います。

――時間数が昔より少なくなっていますが、全人教育という視点から芸術についての教育、感性の教育も含めた教育の重要性はますます高まっています。

　最近は、規律正しい子供を育てる日本の教育文化が、外国などからも注目されているようです。我々からすると、学校や教室を掃除したり、行事の後にゴミ拾いをするのは当然のことと思いがちですが、外国の人から見ると、びっくりするものかも知れません。ただ、こうした日本の伝統的な教育文化の良さを踏まえつつも、さらに、期待以上のものに育てていくという、現場の先生方の指導にかける熱心さもあるのでしょう。

　音楽など芸術の教科を知識や技能だけでなく感性の育成などの視点で重視してきた日本の学校の教育文化に、改めて自信を持ってよいと思います。

――グローバル社会と言われる中で、和楽器などを媒介にして外国の人との交流なども期待したいところですね。

　教員時代に、子供たちを外国に連れて行ったことがありますが、和楽器を持って行くと、外国の人たちも興味津々でした。その時に、例えば箏の弾き方を、13弦ですから13までの英語で「セブン、セブン、エイト」と教えると「さ・く・ら」の旋律になるので、日本の子供たちも、五線譜が苦手であってもすぐに教えることができます。こんな誰でもできることから、日本の音を通して、交流ができれば、子供たちも自信を持つのではないでしょうか。

No.1368◆2015年12月14日号　●潮流●　週刊教育資料

潮流

潮流◆題字奥野誠亮

和楽器指導研究家

茅原芳男 氏に聞く（下）

世界に日本の音を広げる契機に

五線譜と数字譜を組み合わせて誰でも理解しやすい和楽器の演奏が実現できるという。わらべ歌などを通して、日本の音への理解の深まりも期待できるのでは、と夢を膨らませる。

外国の人と交流する機会に

──五線譜と数字譜をセットにした和楽器用の楽譜について、そのねらいをもう少し詳しく教えて下さい。

前回（12月7日付1367号）も述べましたが、五線譜が分からない人でも、数字であれば理解できます。ただ、数字譜だけではメロディーがイメージしにくいという人には五線譜があった方がよいと思い、両方をセットにしたものを考えてみました。私が現役の教員のころは、教科外の活動として和楽器の演奏に取り組んでいましたが、このような楽譜があることで、子供たちも直感的に理解でき、ずいぶんと役立ちました。もし、今後、外国の人が日本にやってきて和楽器などを体験する場合でも、このような楽譜があれば、すぐに演奏できるようになり、楽しく交流できると思います。

──実際に和楽器などの指導をするときに、「調子」（調律）の扱いはどうするのでしょうか。

三味線や箏の調弦では、平調子、民謡調子など、さまざまなものがあります。基本的には「平調子」ですが、わらべ歌や民謡などの教材を想定しますと、民謡調子を基本にして、そこから他の調子に変えていくのがよいと思います。

平調子は、箏で言いますと、「うさぎ」「さくらさくら」などで使用できるイ短調風な調弦です。この平調子の4、6、9、11の弦を1音上げる「民謡調子」（別名で、尺八調子、花雲調子、第2楽調子など）は、わらべ歌、民謡のほか、ト長調、ヘ長調の曲の演奏に向いています。この他に、「C5・F5調子」（ハ・ヘ長調の5音音階を基にした調弦）、「本雲井調子」などがあります。

──どのような曲から教えるのがよいのでしょうか。

著名な民族音楽学者であった小泉文夫・東京芸術大学教授は、早い時期から、音楽教育は「わらべ歌」から始めるべきと提唱されています。わらべ歌は音組織と言いますか、構造からいうと、2音など単純なものでできているものがあるからです。

例えば、箏ですと、洋楽器と違って、弦1本でも、演奏する位置（中央・右寄り・左寄り）で音色が変わるという特徴があります。私は導入として、まず弦1本を使って、「3・3・7拍子」を弾く、そして弾く位置によって音色が変わってくることを体験させるだけでも最初はよいのではと考えて

4

います。このような弦1本だけで音を出す体験をすると、子供はその次を自分でやりたくなります。そこで13弦すべてをいきなり使うのではなくて、1本増やして弦2本でできるメロディーを弾いてみる。このように少しずつ、弦を増やしていきます。

——例えば、小学校では、共通教材の中にわらべ歌や日本古謡などもありますね。

残念ながら、このようなわらべ歌なども、ピアノだけで演奏を済ませてしまう現状があります。例えば、箏ですと、実は弦が4本あれば「かごめかごめ」なども演奏できます。音楽の教科書では、共通教材として小学校1年生に「ひらいたひらいた」、2年生に「かくれんぼ」、3年生に「うさぎ」、4年生に「さくらさくら」などがありますが、ピアノでなく和楽器で演奏することを想定した教材の順番にはなっていないのです。

和楽器指導研究家

茅原芳男

ちはら・よしお◎1929年生まれ。新潟市出身。新潟市の中学校、東京都の小学校で音楽教師として指導。NPO法人邦楽教育振興会などで、和楽器の活用を学習指導要領に明記する活動を進めた。1973年に、小学校における日本の音楽の鑑賞指導で文部大臣賞、和楽器による表現指導で読売教育賞、1996年に伝統文化教育部門で博報賞。最近の著作物に「和楽器発！音楽授業へのヒント」（牧歌舎）。2015年3月に「国境のない和楽器譜」、7月に「箏 授業もはじける調弦法」（家庭音楽会）を編集。

自分たちで音を作る楽しさ

——洋楽器と和楽器で演奏するために必要なことは何でしょうか。

さきほど和楽器の調弦（調子）の話をしましたが、和楽器だけであれば、厳密に調子を合わせる必要はなく、1弦を使って音を出して、他のものをそれに合わせていけばいいだけですので、誰でも簡単にできます。洋楽器との合奏を前提にする場合は、ベースとなる「ラ」の音に合わせればよいでしょう。後は、例えば「かくれんぼ」の「だーれかさん」のメロディーであれば、「ラソラ」ですから、箏でいうと弦番号の「7・6・7」となり、歌いながら「ソ」の音に合うように「6」の弦で音を出しなさいと指示します。先生がすべて調弦で手を出さなくても、このように指導することで、子供たちはグループ学習の中で音を合わせるようになります。これを繰り返して、弦の数を四つにするだけで、わらべ歌らしいわらべ歌の演奏ができるようになります。調弦を教わるのではなくて、自分たちで音を作っていくという授業をすると、子供たちも熱中するのです。

これを、まず13弦すべてを調弦しないとスタートできないような指導法ですと、とても時間内では指導できないでしょう。

——2音から3音、さらに4音と増やしていくことで、調弦も音づくりも、合奏もできるのは、和楽器の指導として実際的ですね。

このように指導することで、子供たちは「日本の音」に親しみを持つようになります。

No.1368◆2015年12月14日号　●潮流●　週刊教育資料

最初は指導しやすい箏から始めて、「では他にどんな音があるだろう？」と問いかけながら、例えば、同じ弦を使う楽器としての三味線につなげたり、管楽器では尺八や篠笛に興味を持たせるのもいいと思います。打楽器ですと和太鼓なども子供たちから声が上がってくると思います。このような組み立て方、堅い言葉で言いますと、カリキュラムがきちんとできていると、どんどん和楽器の指導も広がっていきます。そのためにも、和楽器の種類や数を最低限でも整備していくことが不可欠なのです。

――先生方のための和楽器の研修会なども、学校でできる授業のやり方を想定しておくことが必要ですね。

そうですね。実は、箏についての最初の指導などは、小学校3年生から学ぶリコーダーの初期指導にも生かせます。ですから、箏などが子供の数だけ揃えられなくても、先生が箏1面で音を出し、子供たちはリコーダーで音を合わせるというやり方でもよいのではないでしょうか。とにかく、先生方が自信を持って、箏で音を出していく姿を子供たちに見せるだけでも、「日本の音」への興味・関心は深まっていくと思います。

数字譜の可能性を世界に

――みんなで音を作っていくという活動は、今、注目されている「主体的・協働的な学び」にもつながりますね。

箏を使って、幼稚園で指導したことがありますが、これまで説明してきたような、1音や2音でできる「わらべ歌」は、5歳児でも十分にできます。昔は「習い事は6歳の6月6日から」などと言われてきましたが、これは数え年ですから、今で言いますと満5歳です。せっかく、学習指導要領の共通教材として、わらべ歌があるのですから、それを単にピアノなどで歌唱するだけでなく、少ない弦の数でもできる箏などを使って、「日本の音」への親しみを深める機会にしてほしいと願っています。

さきほども述べましたが、子供たちはグループで音を合わせたり、新しい音を作っていくことに熱中しますので、他の子供の出す音を聞いたり、試行錯誤しながらコミュニケーションをしていく体験にもなると思います。

――箏に比べると三味線は少し難しそうですね。

開放弦を「ミソラ」と合わせる「民謡調子」とするだけで、主に開放弦を多用した演奏ができます。また、「三下り」（開放弦を「シミラ」とする）と、「さくらさくら」は本調子より弾きやすくなります。このように、調弦を工夫することで、開放弦を多用した演奏もできますので、子供たちも理解しやすいですし、先生方も指導しやすいと思います。このように、簡単に和楽器を使えるようになる先生向けの研修の機会をもっと増やすべきでしょう。実際に研修などでこのような指導法を体験すると、「自分でもできそうなので、授業でやってみたい」などの感想が出てきます。

きちんと使える音にすることを基本に、まずは箏と三味線から始めるのが効果的です。

――せっかくの数字譜も含めた楽譜集ですので、和楽器に関心のある世界中の人に広めることも可能ですね。

そのようになれば、夢も広がりますね。私自身はゼロから指導法として研究してきましたが、ホームページなどで、その成果の一部を公表しています。残念ながら能力がないために、日本語でしか説明できていませんが、もし有志の方で英語やフランス語などに翻訳してもらえれば、海外の人で和楽器に関心のある方にとって、指導方法や数字譜の活用などで、新しいアイデアが寄せられるかも知れません。「日本の音」への関心が、こうした機会で高まれば、日本の文化への理解が深まるきっかけになるのではと思います。

茅原芳男＝http://www.chihara-yoshio.com

6

2　直言「音楽的総合」の発想に改めよ　(日本教育新聞　平成13年11月9日)

ようやく新教育課程で和楽器の活用が位置付けられ、当たり前のことが当たり前になった。とはいえ、和楽器の前途には最大の難問ともいえる教師及び関係者の意識改革、指導の目標・内容・方法、評価、教育課程の編成と授業時数の確保、「総合的な学習」との関連、伝承か創造か、和楽器の予算確保・整備、現職研修と教員養成、教材の開発・確保、研究体制、和楽器関連の各種用語と楽理の整理、邦楽人登用上の諸問題など問題が山積している。

先の課題の中に「伝統か創造か」を挙げたが、地域の民謡や太鼓などを取り上げる場合、単なる伝承であってはいけない。学校は保存会ではない。地域の方々の力を借用するという美名の下、ゲストティーチャーに任せきりで、担任は傍観者、では問題だ。

和楽器の指導ができる教員の確保も問題だ。大学の教員養成課程では、邦楽の発声法や和楽器の実技が必修になったが、これに対応できる大学教員がほとんどいない。まず、大学の教員に研修が必要なのが現状だ。

一方、学校現場での実際の和楽器活用では、教材の問題も大きい。教科書教材をベースに、年間十時間を確保するのが大半であろう。合唱や他の楽器と組み合わせるなどの工夫が必要だ。特に、「音楽的総合」という発想に立って、弾力的でトータルに考える姿勢が必要ではないか。担当教員が一人で苦労するのではなく、生徒と一緒に和楽器の音を楽しむこと、自分も一緒に学んでいく謙虚さが必要だろう。

文部科学省にも注文をつけたい。以前、指導要領の解説書などで「日本音楽」「日本の音楽」「伝統的音楽」などの定義がわかりにくかった。「和楽器がかかわるすべての音楽」として「邦楽」に一本化してはどうだろうか。琴、筝（こと）の使い方も現場が混乱しないように明確にすべきだ。

学校が外部の邦楽関係者を活用する場合も注意が必要だ。流派や家元制度があるのが邦楽界だ。特定の流派の宣伝にならないように、学校は外部の団体といい関係づくりに努めたい。

今、一番大きな問題は、現場教員の意識の問題だろう。音楽教育団体の一部から「三年間に一回触ってみることで充分ではないか」という趣旨の発言が出ているが、和楽器指導を拒否し、従来型の姿勢を堅持したいからだろうか。

合唱一辺倒の授業や巨額の予算を費やすバンド活動などは、義務教育・学習指導要領の趣旨から逸脱していないのか。日本の固有文化に背を向け、個人の趣味趣向で教育を進めてよいのか。なぜ、和洋共存に腐心する教師が少ないのか。この遠因は過去の音楽教育であり、蓄積された負の遺産だと思う。

和楽器の活用のためには、予算上の配慮が必要になってくる。かって、オルガン系楽器が一学級分支給されていながら少しも活用されなかったケースがある。バンド系楽器一式が全校に支給され追加購入までされる地域がある一方で、和楽器は皆無同然なのが現状だった。

この際、三年くらい現有楽器の維持費を除く全楽器予算を和楽器に充当し、相応の研究主題を設定し、全国的規模で実践したらどうか。温故知新の新教育活動が各地で展開され、現在の研究実績を遥かに上回る斬新な教育効果が報告されることになるだろう。だからといって従来の器楽教育のレベルが低下することはあるまい。当たり前のことが当たり前に行われるよう、行政に多くを期待したい。

3　音楽教育版構造改革と環境整備が急務　（邦楽ジャーナル　平成16年1月号）

〝和楽器〟登場の学習指導要領（以下要領）は告示以来約5年。最低基準である要領の完全実施に向けて、行政は予算を始め必要な諸条件をどれだけ整備したのだろうか？

教育界の現況は三角形状態である。下の台形部分は高い意識で指導実践も多く報告されている〝小学校〟や一部の中学校、上の小三角形部分は大多数の中学校と高校・大学となる。今年度の中学校必修和楽器実施状況は不明だが、前年度情報（文科省発表・平成15年2月）は皮肉なことに失政自認の報告書でもある。合格点の学校は一割以下、九割以上は民間人への依存や丸投げを含むと思われるお茶濁し組とゼロ回答だ。各地の実技研修会で出会った中学校教師の多くは、「ハナシはわかる、気持ちはあるが、カネ・モノなければ今はノー！」という。教師の大多数は非否定型（否定はしませんよ）のようである。地方行政にも、苦渋の民間依存傾向が散見され、担当者は困惑を隠しきれない状態だ。ある中学校教科書は、愚老の駄作旋律と記譜法失敗作を無断転載、抗議により訂正する始末。編著者は複数の実力派教師、監修者は当代随一の高名な作曲家である。先導役の和楽器への関心・意識度もこの程度でしかない。

邦楽界も動いてはいる。だが、中には単純に各自の専門分野に関する邦楽問題と解し、厳格な伝承方式即学校教育と考えて対処している場合も多く見受けられる。和楽器で多様な音楽活動を考えている多数の教師は戸惑い敬遠する。要領の〝和楽器〟事項は、〝西洋音楽〟事項と並ぶ音楽教育二大音（素材）領域の一方の雄である。過日、子どもたちへの合図を体育並みにホイッスルの吹鳴で指示する箏奏者による狂育活動に遭遇し、絶句した。

和楽器と関わる以上、要領を含む教育界の実情を理解することが先決である。前述の三角型小中学校の実態、和楽器関連への年間配当時数は、最多でも中学校二・三年生で十七時間、小学校一・二年生で三十五時間程度であること、予算も楽器もゼロに近いこと…など。指導内容は豊富である。和楽器で遊び・歌い・合奏や曲作りなどをする、音色を味わい名曲を鑑賞し舞台芸術に親しみ、律・間《ま》・ズレ・型・郷土芸能などを知る、調性音楽と移調音楽など和洋の音楽の異同や音楽史を比較し、日本文化に接近し理解を深める…など。これらに向かって、和楽器から音楽的総合の発想で接近する指導法が現在の重要課題なのである。当初は音を楽しみ、「和楽器はきれい、おもしろい、またやりたい！」という意欲の喚起が大切だ。一般的な、壱越の平調子（ト短調風）、六本の本調子（ト短調風）、七本調子の笛（ロ長調風）などは入り口の一つでしかない。「さくら」を弾き他の数曲も演奏した、次の曲は…？　など演奏することだけが最終目標になるのは方向違いである。

和楽器登場は、本来の音楽教育を確立するための契機を与えてくれた。要領には、邦楽による小中一貫の内容も位置付け、西洋音楽との共生を図ると共に、和楽器発による温故知新の音楽教育に取り組め、という命題が課せられたと考えたい。西にオルフ（ドイツ）、コダーイ（ハンガリー）という自らの音で自国の音楽教育をリードした作曲家あり。我が国でも両作曲家に比肩する人材が現れ、可及的速やかに真の要領が作成されなければならないのだ。これが実現し実施された暁に、漸く本来の音楽・邦楽教育が始まることになる。

現在、理科、図書、パソコン、英語などには羨望の特別予算がある。一方、伝統文化尊重とは裏腹に、和楽器用特別予算はない。世間やメディアからも〃和楽器待望・必須論〃は聞かれない。和楽器無縁の先生も学校も各地に多数だ。ナゼだ？　どうしてなのか？　この邦楽疎外的現況を考えるたびに、不安・焦燥感に襲われ、時には危機感さえ覚える。

一九六八年、中学校要領に必修曲として古典邦楽六曲が鑑賞、民謡三曲が歌唱に登場した。画期的、衝撃的であった。しかし、行政を含む教育界は成果を挙げられず、邦楽界も選曲を批判するだけで効果的な指導法を示すことはなかった。以来三十年余、音は途絶え形骸化した。急転！　和楽器の時代。二の舞は断じて許されない。今は全小中学校に対する指導者・楽器・教材などの環境整備が急務だ。教員研修と楽器配備は行政の責任である。民間はいい音楽と適切な教材や指導法の提供はできる。演奏家の出番である。邦楽教育振興会は、教育的観点から明日の授業に密着した冊子「和楽器の奏法と活用」や「授業実践集録」を作成し全国の教育機関に提供している。前者は箏・三味線・笛・尺八・太鼓の奏法や教科書関連教材の同時演奏、既存楽器との合奏も考慮してあり、即効・実効性が高いとの評価も受けている。

「邦楽普及のカギは学校教育にあり」「和楽器活用の文言を要領に明記して」と唱え活動をしてきた。門は開いた。複数の地域で各小中学校に箏十面などの楽器が配備されたとの朗報も耳にする。だが、ピアノや各種の西洋楽器に匹敵する和楽器が全小中学校に必要量だけ完備されて当然であろう。

和楽器関連予算は地方交付税で措置されている。各地教育委員会の取組状況を徹底的に各議会で質し、教員研修と楽器配備に前向きな答弁を引き出す必要がある。また当面、和楽器予算一校百万円以上確保を目指した集会や陳情などを行い、世論を喚起することも必要だろう。邦楽界はこれらに正対、直進できる邦楽教育振興態勢を確立し、組織的計画的に取り組むことが緊急課題だと思う。長期的には、無形文化財を含む和文化教育振興法（仮称）などの法制化運動も必要だ。

今は行政・教育・邦楽共に音頭不在、三無一体、群雄割拠の様相である。次期要領の改訂は5年以内かも知れない。今度は小学校も和楽器必修である。邦楽の命運は、各界先導役の意識改革と実行力の有無がカギであり、門を全開できるか否か、邦楽界自身が問われている。関係者は緊迫感を持って現状を認識し、気迫ある対応を体現してほしい。世に言う構造改革が不可欠であるように思われてならない。

4　学校に邦楽教育を（読売新聞　昭和63年5月2日）

洋楽と対等の姿こそ　温故知新は教師の義務

明治から今日までの音楽教育は、洋楽（西洋音楽）が中心になっている。近年、箏や尺八など若干の邦楽曲が鑑賞指導で扱われているが、子どもたちが直接和楽器を演奏する授業はほとんどない。わが国の音楽教育の〝本来の姿〟とは、教室から民謡の歌声や箏、三味線、太鼓などの和楽器の音とともに、コーラスやピアノなどの響きが流れる状態をいうのではないだろうか。

日本の音に躍動する子ら

私が長年勤めた小学校の音楽教師時代、一面の箏を普通授業に持ち込んだのは約20年前だった。子どもたちの「弾きたい」という強い願望を満たすために楽器店を拝み倒して20面の箏を借用し、以来、和楽器とともに歩いてきた。

子どもたちが親しみやすい2音（弦2本）の旋律、3音（弦3本）のわらべうたなどを探し、だれでもすぐ理解できる数字の楽譜を工夫し、笛その他の楽器と合奏する。音色を変化させる奏法で「日本の音」を味わい、独特のハーモニーにひたり、たるや太鼓を打ち、「八木節」のリズムに躍動する。

血が騒ぐのだろうか。箏と三味線の課外授業では希望者も続々増え、早朝や特別練習にもかかわらず、集団の楽しさも手伝って、一時は百二十人にも達した。子どもはアイドルの歌が好きだ。しかし、日本の音も与え方次第ではそのとりこにもなる。痛しかゆしだが、ピアノをやめた子もいる。しかし両立させた子も極めて多い。

生涯教育、個性重視、国際化対応の教育は邦楽抜きに語れない、と考え、具体策として和楽器活用の教育に取り組んできた。しかし、広く邦楽重視の教育を進めるためには学習指導要領の改訂が必要だ。

予想を上回る各界の反応

昨秋から「学習指導要領に和楽器活用の方針を明示」するよう文部省に訴えよう、同時に「邦楽教育を推進する会」を設立しよう、と各界に呼びかけた。

結果は予想をはるかに上回り、雅楽、能楽、琵琶、箏曲、尺八、三味線音楽、日舞、民謡などの各種目や作曲、教育関係者など百人を超える方々が賛意を表明された。人間国宝をはじめ著名な演奏家、学者、出版人、団体などの中にあって、NHKアナウンサー山川静夫氏、ドラマーのジョージ川口氏、作家の永六輔氏も加わって下さった。

さる1月中旬、「邦楽教育を推進する会」は発足。〝和楽器の活用〟を主旨とする学習指導要領改訂のための署名運動を始めた。集計（最終的には23万172筆）でき次第、文部省へ陳情の予定だ。

3月には「日本の音を子どもたちに」と題する集いも開いた。山川静夫氏は「若者にも理解、愛好される邦楽のために教育界は努力してほしい。今取り組まなければ邦楽は存在意義を失い、やがては滅亡するでしょう」と講演された。

出発したばかりのこの会はまだ組織もなく、基本財産は有志の善意と熱意のみだ。今後、より多くの先生方や一般の方々のご賛同を得て「子ども邦楽まつり」を催したり「邦楽指導の手引書」を作成するなど、実効ある活動を進めたい。（9月15日第1回総会を開催、役員・事業などを決定した）

教えられる先生、喜ばれる曲

邦楽尊重を唱えることはやさしい。だが、実践は容易ではない。肩書きと過去の栄光を棚上げし、体当りする勇気を必要とする。家元制度や流派に問題があるとしても、邦楽、和楽器に罪はない。教える先生がいない、教材がない、ではなく、教えられる先生になり、子どもに喜ばれる曲を考え、開発しよう。

現在、和太鼓・箏・三味線による邦楽合奏団を主宰している。小学校卒業後も継続して参加している子は多い。邦楽の演奏会に通い、中学、高校の情報を交換し合い、調弦や楽器運搬を手伝い、小さい子の世話もする。これも楽しみの一つになっている。中学、高校の部活で疲れ、遅くなっても集まる団員たち。和楽器、邦楽そして仲間を求めているからだろう。

今使用できる合奏曲は皆無に等しい。楽器や子どもの演奏技能から制約されることばかりだ。しかし目の前の子どもたちの手の動きに合わせ、互いに納得して共に曲を作り出すのは楽しい。わらべうたから出発し、童謡、唱歌を弾き、民謡、長唄を合奏し、時には外国の曲も演奏する。個々の曲はいずれも古いが、楽器はそれ以上に古くから伝えられてきたものである。しかし子どもたちは何の抵抗もなく好んで取り組んでくれる。特に、長唄「勧進帳」の〝瀧流しの合方〟や民謡「八木節」は大好きだ。中学校新1年生は「教科書に〝六段〟がでていたよ」と誇らしげに報告してくれた。

邦楽を、和楽器を教えることは教師の義務であり、良心である。〝温故知新〟は創造的教育活動の原点でもある。「西洋の音」至上主義は世界の作曲界でも過去のものだ。一昨年出席した「国際音楽教育会議」でも、以前より自国の音楽を尊重する姿勢を明確に打ち出している。

邦楽の位置付けは、洋楽と対等でなければならない。教育界の「まず洋楽、そして日本および諸外国の音楽」という発想は直ちに転換してほしいと切望する。

5　和楽器文化普及へ　まず学校に配備を　（読売新聞『論点』（平成3年5月29日）

学習指導要領の改訂によって小学校の音楽教育に「日本の伝統音楽の重視」が盛り込まれ、来年度から実施されることになった。これまで鑑賞だけだった伝統的音楽の教育に和楽器の取り扱いが可能になり、西洋音楽偏重の音楽教育に一石を投じるものである。

明治以降、西洋の音圏内でのみ教育されてきた多くの日本人は、日常、新旧の邦楽・舞踊などの和楽器（日本の音）文化を意識することはないようだ。中でも、世の指導的階層や報道関係者などにさえ、この傾向が見られることは、慨嘆の極みである。音楽教育界は「伝統的音楽の重視」を唱えてはいるものの、関係者は西洋の音圏にのみ安住し、日本人固有の音感覚や和楽器文化に真剣に対応する姿勢を見せようとはしない。これに汗しているのは、一握りの心ある現場教師だけである。

1学級40名の子どもに40台の足踏みオルガン（電子オルガンに交換した学校・地域もある）を備え、鼓笛バンドやブラスバンドの楽器一式を現物支給するなど、西洋の音の普及・発展には計り知れない膨大な予算が費やされてきている。戦後の学校教育で最も変化・発展を見せたのは音楽教育ではないか、とさえいわれている。だが、その反面、以前には中学3年で、今度は2年で必修の音楽授業時数が1時間削減になった。極論すれば「過去の音楽教育は世論によって否定された」ともいえる。何と皮肉なことであろう。関係者は削減反対の運動はしても、その原因についての議論はしないようだ。単なる推測に過ぎないが、自国文化を重視し国民多数の支持を得る、という努力を怠ってきたこともその一因ではないか思う。

「伝統的音楽の重視」の具体化は、

1．専門家会議による系統的教育内容の研究、

2．和楽器の全小・中学校への配備と活用、

3．教員の実技研修や教員養成制度の改革

などについて、早期に、抜本的、総合的な施策を勇断をもって実施することであり、場合によっては、理科教育振興法並の法制定によって実効を上げるくらいの気迫が必要である。中でも和楽器の配備とその活用は急を要する課題である。洋楽教育の主流は合唱・器楽の表現活動である。伝統的音楽の教育も同様であろう。「伝統的音楽」という用語に拘泥することなく発想を転換し、「和楽器の活用」にこそ注目すべきである。

和楽器による表現活動はわが国音楽教育の本来の姿なのであって、現行の洋楽教育との2人3脚によって、国際的にも高い評価を得ることになるはずである。創造的教育活動を提唱する関係者が、指導教師が未経験なので…の逃げ口上では矛盾も甚だしい上に何の解決にもならない。生みの苦しみを味わってこそ創造への道が開けるはずだ。民間関係者の協力を仰ぎ、教師と子どもが一体となって、古き(教育界では新しい)良き音を尋ね、斬新な音楽の世界を発見・創造する学習活動へと進むことこそ必要なのである。子らに潜在

する日本的感性は古典邦楽への即時導入をも可能とするはずだ。関係者の叡智を結集すれば、短時日に新しい音楽教育の世界がそこに展開されることは過去の体験からして疑う余地もない。

「和楽器」は邦楽の象徴的存在であり、高齢の奏者は現役として演奏し続けている生涯楽器でもある。また、国際的にも高い評価を得ている現代音楽作品の音素材として主要な地位を占めている。

洋楽器購入に投じた膨大な費用と同等以上の予算を数か年計画で確保し、少なくともオルガン並みに1学級の子ども全員が演奏できる数量の和楽器を各学校に配備する努力をすべきである。片手落ち行政は願い下げである。

最近、メセナ（企業の文化活動支援）に関する話題を散見するが、誠に喜ばしい限りである。この際、和楽器文化の普及・発展についても特段の理解と配慮を期待したい。教育問題としてではなく、これまで教育界から疎外視され続けた和楽器文化に対する一般の理解を深め、より価値あらしめるために、社会問題として広く世に訴えたいと思うのである。和楽器文化関係者も、一般社会、教育界から敬遠される要因があるのかも知れない、との立場で検討し、一丸となってこのことに取組んでほしいと思う。

6 「日本の音」を子どもたちに教えてほしい　(東京新聞夕刊・昭和63年4月18日)

代表的な和楽器の一つ、三味線から連想される〝風景〟は、まず「宴席」というのが一般的。それが洋楽器のピアノになると「コンサート会場」になる。この違いは何なのか？　和楽器を使って子供たちに、日本の音を教えてほしいと訴え続けている「邦楽教育を推進する会」代表、茅原芳男さんは「明治からこのかた、洋を和の上に置いて指導してきた音楽教育のひずみ」と指摘、近く二十万人を超える署名を添えて、邦楽重視の学習指導要領作成を文部省にねじ込む。(文・前村　和夫)

—邦楽を教えている学校は少数派？—

音楽教育には表現と鑑賞の二領域があって、私たちが重視しているのは表現活動。ですから和楽器がどうしても必要なのです。ところが和楽器を所有している学校自体が超少数派。年間予算で購入している学校が都内で一ケタ。全国でも二十校程度です。高校のクラブ活動は除きますが—。

—それはまた、なぜ？—

いくつかの理由はあるが、第一に教える教師がいないこと。私の知る限り邦楽実技を必修にしている大学は、東京芸大に高崎音楽短大、和歌山大の三校だけ。現在の教育現場は結局、邦楽経験ゼロの教師ばかり。もし邦楽教育をやろうとするなら、自己研修後、手探りで始めるより仕方がない。それに邦楽に関心をもつ教師は変わり者か、物好きと見られ、学校予算から和楽器を購入しようとすると「君がいなくなったら楽器はどうするのかね」などと、いやみを言う管理職もいて出鼻をくじかれる。

―楽器を買う予算はどの程度―

学校差があり、一概には言えないが、音楽関係は十万円―百万円程度。吹奏楽やオーケストラの楽器購入が中心です。フルートやクラリネットでも一点五万円前後ですから、和楽器にはとても回りません。

―文部省も邦楽教育には賛成している―

行政・学校教育機関の担当者で、逆に反対する人は一人もいません。しかし具体的な策は何ら提示していないのだから「邦楽はやらなきゃいけない」と言ってもポーズとしか映りません。

―そこで邦楽教育を推進する会を結成した―

人間国宝の杵屋佐登代先生ら長唄、雅楽、能・狂言、三曲、民謡、常磐津、清元、新内などそうそうたるメンバー、それに学校関係者ら約150人以上の方々に賛同をいただき、今年一月十七日に発足しました。

私たちは学校の音楽教育で音や楽器の差別があってはならない。西洋の音一辺倒で日本の音は存在しないような音楽的状況を作りだしてはいけない。和と洋の音を対等に置き、音のるつぼを作り出し、その環境の中で子供たちを学ばせてほしいと主張しているのです。

―邦楽はなぜ洋楽の下に？―

明治の学校教育がスタートする直前まで和洋折衷の声もあったが、日本の音楽教育の基礎を築いた伊澤修二という教育者がアメリカ視察後、洋楽一辺倒に突っ走っちゃった。

これが現在まで続いているのです。当時は邦楽人口も相当あり、あえて学校で教えなくてもよいという社会的背景があったようです。しかし戦後はもう邦楽というとだんな芸、道楽と一般的にも受け止められている。

しかし二十数年前から国際音楽教育会議（ＩＳＭＥ）が民族音楽を尊重する提言を行っていて、アジアでも日本を除く各国が自国の楽器や音を大事にしています。

―茅原さんは大学で邦楽を―

いえ、ピアノです。それが三十七、八歳のころ、団地の窓外から箏の音が聞こえてきてジーンとなった。早速近くのお師匠さんの所へ二年通って、勤務していた学校で邦楽指導をやったのです。楽器店に掛け合い箏を借りてくる、教材で使える邦楽の楽譜は市販されていないから自分で作る、好きでなければできません。

―邦楽の良さは？―

洋楽は官能的で動的な喜びに結びつきやすいが、邦楽は静的な安らぎとでもいいますか…。心の奥深くまで浸透してくる余韻があります。一般の人も三味線というと四畳半を思い起こさないで、邦楽の本当の良さを理解して下さい。

お師匠さんも年々減っているわけですから、学校教育で取り上げることが邦楽振興には絶対に必要なのです。

―文部省にも陳情するそうですね。―

実は、この九月が十年に一度の文部省の学習指導要領改訂期に当たります。現在の学習指導要領には、邦楽の表現活動について「中学校は必要に応じて適宜和楽器を用いること」とあり、小学校に関しては和楽器の和の字もない。これを「各学年の発達段階に応じて和楽器の活用を図る」と明記するよう要望するつもりで全国から二十三万余筆の署名も集めました。

私は二十年前から自分なりに運動を進めてきましたが実現できなかった。この時期を逃がしたら十年後まで気力が続くか疑問です。これが最後だと思って頑張っています。

7「日本の音」の認識を（「文化庁月報」No.106　昭和五二年七月）

―文化行政への私見―

茅原芳男（新宿区立落合第二小学校教諭）

新聞報道によれば、文化庁は「参加する文化活動の推進」を来年度の重点施策の一つとされた由、まず、その主旨に全面的に賛意を表します。

私は現在、都内公立小学校の音楽専任教師をしております。以前より「参加する音楽活動」を重視し、「日本の楽器による表現活動」を授業で積極的に取り上げて参りました。中心は箏で、子ども二人に一面ずつを与え、自作の教則本で〝わらべうた〟〝民謡・歌曲〟などを演奏させ、締太鼓、ささら、樽なども加えた器楽合奏を行っております。それによって、子どもたちの体内に潜在すると思われる日本的な音感を育成、伸長したいと思っているわけです。

私たちおとなは、過去において「日本の音」による教育は受けて参りませんでした。その結果、音や音楽は即西洋のそれと解釈するようになり、日本の音や音楽への関心は極めて薄く、低俗なものと思い込んでしまう状況にさえあるといえましょう。長唄・義太夫は聞いたこともなく、箏・三味線・尺八などは直接手に触れることもなく、極端な場合それらの存在を意識することもないといってよいと思います。

要するに、これらの美的価値も理解できぬままに、批判的な言動をする人々が極めて多いといえるでしょう。

日本人の多くは、この世に生を受けると同時に、母親の口ずさむ〝子もりうた〟を耳にするのです。そして日本の音楽との出会いが始まるのです。少なくとも、シューベルトやブラームスの〝子もりうた〟に接する人よりは、素朴な日本の子もりうたを耳にする人の方が多いはずです。

やがて、この世に別れを告げるときは、仏教音楽である〝声明《しょうみょう》〟の余韻にひたる人が極めて多いはずです。我が国が仏教圏の国である以上、むしろ大多数の人々が〝声明〟に関わり合いがあると言えるのではないでしょうか。しかし、〝声明〟を知っている人はどれだけいるのか疑問です。その芸術的・学術的価値については、学者・作曲家等によって指摘されており、国立劇場で一般公開されていることによっても十分に理解できるのです。

〝ゆりかごから墓場まで〟ということは、音楽的には〝子もりうたから声明まで〟ということであって、生涯教育の見地よりしても、これは見逃せないことであると思います。〝子もりうたから声明まで〟の間には、わらべうた・民謡・各種の邦楽等、数々の日本の音楽が介在し、私たちの身辺にあるわけで、それらに接する機会を与えたならば「文化活動に参加する人々」は増加の一途をたどることになるであろうと思われます。日本の音楽は本来「する音楽」であると思います。

コーラス団をもっている職場は多いでしょう。しかし、それ以上に民謡を愛好し、歌う人がいる職場が多いのです。もしも、民謡の歌い方を学校や職場・社会教育などで取り上げたならば、コーラス人口を遥かに上回る民謡人口が生まれるのは確実でしょう。

また、東京芸術大学の教授たちのうち、洋楽系の人々の多くは一般人を対象にした演奏活動を中止しておられるようですが、邦楽科の人々は年齢を問わずいずれも第一線で活躍する現役ばかりです。

このような面から見ただけでも、日本の音楽が「する音楽、生涯の音楽」であるということがわかるのです。

私が教室に「日本の音」を取り入れたのも「する音楽・生涯の音楽」の素材として「日本の生の音」の重要性を認識したからで、その基礎的能力・感覚を鋭敏な感性に吸収させせたかったからに外なりません。単に、日本人だから…、日本の音楽だから…、ということではなく、あくまでも我が国の音楽的実態を展望した上で実行しているのです。

しかし、教育行政は冷淡です。我が国の文化や音楽を尊重するというのは建前で、わずか数曲（小学校では一曲）を鑑賞させるだけで終わっています。日本の楽器による表現活動は認めていないといっていいのです。

本当に、我が国の音楽文化を理解、感得させようとするならば、「する音楽、参加する音楽活動」をこそ優先させるべきだと思います。教育行政は洋楽器による教育を推進しています。これは明らかに偏向教育であり、音楽教育でなく、洋楽教育です。

楽器がない、教える人がいない、教え方がわからない…などは単なる逃げ口上です。計画的に、真剣に取り組めば出来ることなのです。これまで行われてきた講習会・研修会などはほとんど役に立たないでしょう。わずかな講習・研修で一人前になるわけがないのと同様です。

要は、日本の音楽の認識の問題であり、建前論だけが先行した形になっているのです。この一文をしためたのも、教育行政への反発からであり、文化行政が我が意を得ていることに起因しています。音楽関係の行政担当者の中には、国立劇場への入場はおろか、その所在すら知らない人がいるようです。

どうか新聞報道の施策を協力に進めていただきたいと願っていますが、同時に次の諸点についてもご配慮くださいますよう、お願い申し上げる次第です。

一　文化・教育行政は一体でなければならないこと

「日本文化の尊重」が単なる徳目であってはなりません。文化系・芸術系の教科で主要な柱として扱われるべきでありましょう。音楽科では伝統音楽や郷土芸能などを教育課程に盛り込むことが重要です。

現在、新教育課程の改訂作業が進行しており、五二年には文部大臣に答申されると思われます。文化行政は教育行政の動向を知り、「日本文化の尊重」を強力に申し入れていただきたいと思います。

これまでの教育課程には、中学校・小学校それぞれに指定された鑑賞曲があります。現教育課程は施行以来八年にもなりますが、例えば、中学校の長唄「小鍛冶」の一般公演は私の記憶では一度も行われておりません。また、義太夫「三十三間堂」は、〝高校生のための文楽教室〟として国立劇場でとりあげられましたが、〝中学生のための…〟としては一度もありません。高校生と同等に中学生にも必要であったのです。歌舞伎教室も同様です。

教育行政より公演の要請がなかったのでしょうか。やはり、文化・教育行政は二人三脚でなければなりません。長期ビジョンの第一歩は学校教育にあり、ではないでしょうか。

二　箏・三味線・尺八・太鼓などを各小中学校に配置すること

現在、学校備品として購入できる楽器は、文部省が定めた学校設備基準に示されているものだけです。この中には、日本の楽器が含まれていません。日本円で日本の楽器が自由に購入できないという現実、多くの心ある教師は心を痛めているのです。

文化行政はこの実情をどう解釈されますか。これでは「参加する文化活動」はできません。小・中・高と一貫して「日本の音」に親しませることが「参加する文化活動」へ発展することは自明の理です。本来なら、教育行政が洋楽器と同等、あるいはそれ以上に積極的にならなければならないのに…、ただ残念です。

教育行政がやらないのならば、文化行政にお願いするしか方法はありません。やはり、これも長期ビジョンの第一歩です。「新教育課程」に対しては楽器の活用を、教育行政にはその購入を強力に申し入れていただきたいと思います。同時に、地方の教育委員会に対し、楽器購入には格段の配慮を…と要請していただきたいと思います。筋違いのお願いであることは十分承知しておりますが、文化行政の強力な活躍を期待いたします。

三　無形文化財の後継者問題

このことは、反復になりますが小・中・高・大の教育が一貫して行われることが基本として考えられなければならないと思います。ここで、後継者の養成機関として「総合文化大学」の設立を提案します。芸大邦楽科・日本大学芸術学部・国立劇場技芸員・ＮＨＫ邦楽技能者育成会などの関係部門を発展的に統合してはどうでしょう。

内容は次の通りです。

○邦楽学部…各種目の音楽を専攻させる

・三曲科…箏・三味線（三弦）・尺八
・能楽科…謡曲・囃子
・浄瑠璃科…義太夫・常磐津・清元・新内等
・長唄科…唄・三味線
・民俗音楽科…各種の楽器・うたなど
○演劇学部…伝統的演劇等を専攻させる
・能楽科…仕舞・狂言等
・歌舞伎科…舞踊・せりふ等
・舞踊科…各種の舞踊（歌舞伎科より独立させてもよい）
・文楽科…文楽人形に関すること
・民俗芸能科…踊り他
・舞台装置科…舞台関係のこと
以上で、両学部は常に交流を図り、卒業後は公演を保障する。在学中も国費で養成する。

四　社会教育の充実

各地で活躍している演奏家や団体などの実態を調査し、例えば文化の日を中心に郷土の文化祭を行わせることも大切です。

社会教育も「する音楽・生涯の音楽」の認識に立ち、各地の演奏家を招いて箏・尺八・謡曲などの成人教室を開催するよう督励していただきたいと思います。大手の新聞社などでは、二・三年前よりその講座を実施しています。社会教育も学校教育の延長になり得るよう、具体的な計画を立案すべきではないでしょうか。

社会教育・学校教育を統括する地方教育委員会が、日本の音楽に対して誤った偏見をもっているとしたら、文化行政も一方通行になってしまうような気がしてなりません。まず、行政機構が正しい認識に立つことが基本的な重要事項であると思います。

（注）この投稿は昭和40年代前半、中学校学習指導要領が必修として示した邦楽鑑賞曲に関する文化庁の無責任な対応に抗議するねらいも含まれていた。その鑑賞曲は、箏曲系2曲、雅楽・長唄・古典尺八本曲・義太夫各1曲の6曲。

当時の鑑賞指導はレコード聴取が主流であったことから、史上初の古典邦楽登場に文化庁は相応に対応するであろうと期待していた。だが同庁は我関せず。ついに、雅楽（越天楽）、長唄（小鍛治）、義太夫（三十三間堂棟由来）の生舞台に参上することはできなかった。以後、折に触れて文化庁の存在意義を考えるようになっていた。

以来41年、令和元年10月、文化庁の再編により、文科省所管であった芸術系教科（音楽、図工・美術）は、文化庁参事官付学校芸術教育室へ移行したようである。前掲の「**文化・教育行政は一体でなければならないこと**」は実現したものの、多くの課題を抱えていると思われる。

Ⅳ　今、思うこと

1　行政は「邦楽」「和楽器」を確定語にしてほしい

日本初の音楽科学習指導要領試案（昭和22年）は冒頭で、「音楽は、音を素材とした時間的芸術である」とした。

通常、西洋の音を素材とした時間的芸術は西洋音楽といい、東洋の音を素材としたソレは東洋音楽と呼んでいる。従って安易に西洋音楽＝洋楽は不適切であるといえる。

文化庁は、令和3年度の事業名に用語邦楽を冠とした名称「邦楽普及拡大推進事業」を実施した。従来、使用してきた「伝統音楽」を改め、事業内用語であった邦楽を事業名に昇格？　させたことは英断と称えたい。

一方、小学校教科調査官は、出典不明な「日本伝統音楽」を用い、相変わらずの無定見状態である。

以下、過去に用いた関連用語を改めて確認してみたい。（一部は文化庁関　）

（1）日本旋法の旋律

昭和30年代、常用された音列を小学校では旋法と呼び、中学校では音階と呼んでいたことから論争が起こった。今では小学校も音階を用いていることはいうまでもない。

（2）「古典邦楽」「古典邦楽教育」

これは文化庁所管の「文化芸術振興基本法参議院附帯決議（平成13年公布。改正後は振興削除）に用いられているが、学習指導要領には無い用語である。意味は何となく理解できるが、定義不明な用語が実存すること自体、異常であり、文化庁政策課には申し入れた。やがては修正されるかもしれない。

（3）「日本の音楽」

昭和44年、中学校必修曲の民謡3曲、鑑賞曲6曲（箏曲・雅楽・長唄・義太夫・古典尺八本曲など）の総称として用いてきた。平成20年、改訂学習指導要領に「伝統音楽」が突然登場しこの語は消えたはずだ。しかし、小学校教科書には現在も堂々と使用中。教科書調査官は無関心なのだろうか？

（４）「我が国や郷土の伝統音楽」

平成20年、中学校学習指導要領は、文部省主催の研修会で以前から用いてきた用語「伝統音楽」を取り入れた。自動的に「日本の音楽」は不要語となった。これに便乗した文化庁は、「伝統音楽普及促進支援事業（平成23～30年）」を実施し、文科省より引き継いだ「伝統音楽指導者研修会」も実施した。

（５）「我が国や郷土の音楽」「和楽器の音楽を含めた我が国の音楽や郷土の音楽」

平成20年、小学校学習指導要領には、この２語が登場した。前者は、指導要領の〝解説〟に、後者は鑑賞の一項目として登場した。しかし、用語伝統音楽は指導要領に無い。

【（４）（５）についての私見】

○小学校には伝統音楽なし、の意味が不明。小中一貫教育の形骸化か？

前出（１）で述べた小中間で異なる表記が現在なお持続している証であろう。小中は永遠の犬猿の仲なのか？

○平成29年の小学校学習指導要領解説（P.6）の次項について

「我が国や郷土の音楽に親しみ、よさを一層味わうことができるよう、和楽器を含む我が国や郷土の音楽の学習の充実を図る」と。

傍点の箇所は、和楽器や邦楽の学習の充実に向けだ工夫や努力に努めたい、とすれば済む話ではないか？

（6）「日本音楽」

高校総合文化祭でもこの語を用いている。これも修正の対象だ。

「日本音楽の教育と研究をつなぐ会」と称した任意団体が主張した口伝の一法〝口唱歌《くちしょうが》〟を学習指導要領に明記した文科省。（4）（5）の用語との整合性は？　任意団体名は不問か？

（7）「邦楽」

「邦楽」は、ＮＨＫの番組名、東京芸術大学の科名、和楽器関係者が用いる音楽の名称など、普遍的用語である。

現在、文科省の音楽科担当教科調査官は、文化庁の参事官付教科調査官を兼務している。然らば、《日本の音を素材とした時間的芸術》をどのように呼ぶのか？（4）（5）（6）、どの名称を使うのか？　使い分けるのか？

（8）「和楽器」

これは、中学校学習指導要領（平成10年告示）が用いた公用語である。然るに、文化庁の令和3年度「邦楽普及拡大支援事業」の説明文書はこれを無視。用語「邦楽器」を用い最終的には単なる「楽器」とした。明白な法令違反なのではないだろうか？

音楽科と美術・図工科は平成30年、学校における芸術教育の充実に向けて所管の文科省から文化庁へ移管された。学校芸術教育室が設置され、文科省・文化庁の縦割り行政解消を掲げていた。しかし現実は真逆で、学習指導要領無視なのだ。察するに事情に疎い事務担当職員の業務に対し、単純に幹部が暗黙の了解を与えたと思わざるを得ない。

2 和楽器関連の指導目標は？

小学校学習指導要領は、音楽科の目標を次の様に示している。（ ）は中学校。

「表現や鑑賞の活動を通して、音楽的な見方・考え方を働かせ、生活や社会の中の音や音楽（音楽文化）と豊かに関わる資質・能力を次のとおり育成することを目指す。」とし、次項を明示している。

(3)音楽活動の楽しさを体験することを通して、音楽を愛好する心情と音楽に対する感性を育むとともに、音楽に親しむ態度を養い、豊かな情操を培う。（傍点箇所は中学校もほぼ同じ）

しかし、和楽器関連では、次の様な表現が見られる。

・中学校　和楽器の表現活動を通して、我が国や郷土の伝統音楽のよさを味わい、愛着をもつことができるよう工夫すること。（学習指導要領）

・小学校　「我が国や郷土の音楽に親しみ、よさを一層味わうことができるよう、和楽器を含む我が国や郷土の音楽の学習の充実を図る」（解説P.6／傍点は筆者）

文中の〝よさ〟とはナニか？

小中学校一貫に反し、異なる用語や文言を用いたのはナゼ？

（３）の目標を援用した次項に改めることも一法ではあるまいか？

『小中９年間を通して複数の和楽器を取り扱い、その表現・鑑賞活動を通して、和楽器・邦楽を愛好する心情を育み、感性を豊かにし、和楽器・邦楽に親しんでいく態度を養い、豊かな情操を培う』

当初は、『和楽器大好きな児童生徒の育成』に集中することも意義あり、と考えている。

3　和楽器関連教育の環境整備が急務

（1）楽器配備の充実

中学校で必修の〝和楽器〟、伝統の音を活用した授業の必需品〝和楽器〟。「地方交付税で措置している」と公言した文科省は、和楽器必修の初年度に実施した実態調査以降、いつ、どのような項目で全国的調査を行ったのだろうか？

データがあるならば公開してほしい。

小学校では以前、オルガン必修に伴い、1校当たりデスクオルガン40台を配備したこともあり、筆者も当該校で勤務した経験もある。指導の成果を期待するならばそれは当然のこと。1学級当たりの人数が削減されている現状に相応な、箏数面〜数十面、三味線数挺〜数十挺、組太鼓数組などが常備されていても当然である。

小中学校を問わず。吹奏楽器大好き教員の在籍校には、高額な楽器が多数配備されているが、その予算はどこから工面されてきたのだろうか？　コンクール的な催しへの積極的参加も含め義務教育に相応しい活動なのだろうか？

必修・選択可とは名ばかりの和楽器。教材基準への表示は、単なる形式的存在でしかない。

（２）指導の内容と方法

和楽器・邦楽の指導には、小中学校一貫の教育内容と方法が必須である。しかし文科省は、和楽器が中学校で必修、小学校で選択であっても、それを明示していない。

左記、「教育流　和楽器・邦楽入門」（〝全般についてのヒント〟以降）の事項は、過去の多種多様な経験に基づく拙著の〝目次〟を抜粋したものである。小中９年間の明日の授業に直結可能な具体的項目であり、指導計画、指導案作成時のヒントとして効果的な役割を担っていると思う。また、自己研修用資料として活用いただけたら幸である。

特に、「創作　和洋共通の旋律づくり」は、和楽器・邦楽であっても洋楽系の創作と共通する要素があることを明確化したもので、授業でも十分に活用できると考えている。蛇足で恐縮だが、過去のことなどが思い出される。

旋律創作は、音楽教師時代の一時期、主要研究テーマであった。昭和39年、東京都研究員として、自作の「創作ノート」を作成し、公開授業を行い研究発表も行った。卒業式には、子供たちによる送別作品を歌い、卒業生を送った。
これらのことが、都教委の指導主事に注目され、教員研究生（内地留学生）として推挙された。研究テーマは「創作学習に日本音楽をどう取り入れるか」であった。以後、〃和楽器を学校へ〃をライフワークとした道を歩くようになった経緯がある。

「教育流 和楽器・邦楽入門」（茅原芳男著／電子書籍・紙本／編集22世紀アート）

◎全般についてのヒント
○和楽器、邦楽についてのヒント
和楽器，邦楽という用語／和楽器の種類と関連する邦楽／邦楽全般に関する特徴的な事項
○指導の基本的立場についてのヒント
和楽器、邦楽の教育的位置付け／教育流方式と伝承的方式
○指導の目標、内容と評価についてのヒント
指導の目標／内容／方法／評価規準／発想法（ＫＪ法）
○教材選択と時間配当についてのヒント

和の音素材からみた教材の種類／旋律づくり（創作）に活用したい事項／鑑賞教材／時間配当の目安

◎領域別・和楽器活用のヒント

○歌唱　基本的な考え方／留意事項

○器楽（箏、三味線、篠笛、尺八、太鼓）

基本的な考え方／各楽器の留意事項／楽器別各論

○創作　和洋共通の旋律づくり

・予想される活動／旋律づくりへの考え方

・歌づくり～詩やことばの抑揚に留意して／楽式論による／主要三和音で／練習問題、箏・篠笛

○鑑賞

【資料編】邦楽の種目と概要についてのヒント／邦楽・洋楽の比較

【指導内容など】基本的な考え方／留意点／具体例

◎課題と用語についてのヒント

（3）外部講師依存から自己研修へ

小中学校への和楽器導入に伴って、外部講師への依存度が高まっている。行政は、「伝統音楽指導者研修

会」を企画し、東京芸大で同大邦楽科教員による、学校音楽教員対象の講習会を行っていた。その内容や如何に、と情報公開で令和元年度の実施内容を入手して驚いた。種目別・楽器別を問わず五線譜も使っていた。中には、五線譜の各段に全て同じ拍子記号が書かれていた。外部講師依存がもたらした、珍奇な一幕なのだが、なんとこの会場には、音楽担当の文科省教科調査官も居合せたというから二の句が継げない。

また、二日間の実技や講義の受講者（教員）は、帰郷後、地元で伝達講習をするとか、しても良いとか？　和楽器・邦楽はこれで伝えていけるのだろうか？　指導に結びつけることができるのだろうか？　果たして結果は？　この程度のことを、行政が今の時代に実施しているのだ。

教員養成大学では、必修単位の和楽器の実技や発声法などに関して、外部講師に全面委託しているように思われる。単位を与えるための講義なのではあるまいか？

全ての音楽教育関係者に問いたい。教員免許取得までに要した費用と時間を考えてほしい。

和楽器、邦楽などは、ソレデヨイ！？

あえて言う。行政担当者や関連大学の教員は真摯に和楽器と正対し自主的に自己研修で必要な和楽器の実技や知見を体得せよ、と。

ハンガリーにゾルタン　コダーイ、ドイツにカール　オルフあり。自国の音楽教育に改革をもたらしている。

音楽教育界の幹部は、率先して見習うべきであろう。


時代は変わったのだ。

西洋音楽系の学説や独自の理論に腰を掛けている場合・時代ではないことを強調しておきたい。

主体的に、新時代に向けた自己研修に邁進するときであることを認識してほしいものである。

あとがき

退職の昭和60年度まで、授業時数が話題になったのは中3の1時間カットであった。以来、削減の流れは急速に押し寄せ、今ではそれが常態化し、当然視されてしまったようだ。

総合学習、道徳、小学校英語、パソコンの導入などの新風が吹き荒れ、音楽科の存在など無関心の対象でしかないようだ。国策により追い込まれたのは芸術系教科。すでに国策に抗す術はない!? と諦めたのだろうか?

極論すれば、過去の音楽教育は否定されたのだと思う。

授業時数削減の要因はナニ?

洋楽一辺倒教育? 洋楽重視の各種コンクール風行事?

過去の行政に責任はないのか?

和楽器は小中学校へ導入された。

文化芸術振興法は、古典邦楽（実は和楽器必修）重視を掲げた。

改正教育基本法は伝統・文化尊重を明言した。


授業時数復活の有力なカギはナニ？

和楽器・邦楽では？


明治初年、音楽教育担当の伊澤修二は、3年間、アメリカで必要事項を学び、帰国後に多大な成果をあげた。

一方、行政担当者や教員養成大学教員は、和楽器導入に際し、ナニを学び、どのような成果を挙げてきたのだろうか？　邦楽演奏家などへの安易な依存、丸投げ状態に安住してきたのではないのか？


自身の半世紀は、行政、音楽教育界、邦楽界とのタタカイであった。しかし、大筋は満足出来るものであったと思っている。

削減された授業時数の復活は至難の業かもしれない。しかし、文化庁による「文化芸術による子供育成総合事業」や「親子文化教室事業」などとの連携を深め、実質的な授業時数確保に対応することは不可能ではないと思う。

3年前に新設された、文化庁参事官付（芸術文化担当）「学校芸術教育室」と提携し、学校教育・文化庁一体の芸術教育活動を推進する方途を研究し、実施し、一歩前進することを願っている。

日本の各地・学校から、多様な音・音楽が鳴り響く日を待ち続けたいと考えている。

令和4年3月

自称　教育流邦楽狂師　茅　原　芳　男

元　邦楽教育を推進する会代表幹事

NPO法人邦楽教育振興会理事長

著者略歴

茅原　芳男（ちはら・よしお）

○昭和４（１９２９）　新潟市出身。
○新潟第一師範学校、法政大学経済学部（通信教育）、武蔵野音楽大学短期大学部二部。
○昭和24（１９４９）～61（１９８６）
　新潟市の中学校、東京都の小学校で音楽教師。
○昭和56（１９８１）～平成４（１９９３）
　子ども邦楽合奏団の活動。ＩＳＭＥ（国際音楽教育会議）ＴＶ「題名のない音楽会」他で演奏。
○昭和63（１９８８）～平成18（２００６）
　邦楽教育を推進する会・特定非営利活動（ＮＰＯ）法人邦楽教育振興会を設立、活動。
・目的　「和楽器の活用」を学習指導要領に明記すること。後年、実現。

◎受賞歴

・文部大臣賞「小学校における日本の音楽の鑑賞指導」（財）鑑賞教育振興会（昭和48）
・読売教育賞「和楽器による表現指導」読売新聞社（昭和48）
・優秀賞　「ゼロから出発ウィーンへ　邦楽合奏団四年間の記録」邦楽社（昭和60）
・久留島武彦文化賞「東京子ども邦楽合奏団の活動」日本青少年文化センター（平成2）
・博報賞　伝統文化教育部門　（財）博報児童文化振興財団（平成9）

◎入門・編曲作品など

・「やさしく学べる箏入門」（全音）
・二部合奏曲「いい箏《こと》しよう箏《そう》しよう」1・2、箏二部長唄「越後獅子」より、「ミソラとシミラ de 三味線入門」、二部合唱と箏群「ふるさとめぐり」、和洋合奏曲「春の海」・「八木節」、他（以上マザーアース）
・「箏　授業もはじける調弦法」、「国境のない和楽器譜」「なつかしいわらべうた編」（以上家庭音楽会）
・電子書籍「教育流和楽器・邦楽入門」（22世紀アート）
・電子書籍「教育流邦楽狂師の生活1　子どもたちにこそ、日本の音が必要だ」（22世紀アート）
・電子書籍「教育流邦楽狂師の生活2　子ども邦楽合奏団始末記」（22世紀アート）

教育流邦楽狂師の生活 3
和楽器を義務教育に！　全国的運動展開へ

2023年4月30日発行

著　者　茅原芳男

発行者　向田翔一

発行所　株式会社 22 世紀アート

〒103-0007

東京都中央区日本橋浜町 3-23-1-5F

電話　03-5941-9774

Email: info@22art.net　ホームページ：www.22art.net

発売元　株式会社日興企画

〒104-0032

東京都中央区八丁堀 4-11-10 第 2SS ビル 6F

電話　03-6262-8127

Email: support@nikko-kikaku.com

ホームページ：https://nikko-kikaku.com/

印刷
製本　株式会社 PUBFUN

ISBN：978-4-88877-188-7